800 Jahre Stift Klosterbruck

Dr. Hellmut Bornemann

800 Jahre Stift Klosterbruck

Inhalt

	Vorwort	5
	Judith von Schweinfurt – die Vorgeschichte des Stiftes	6
	Klosterbruck – eine Wittelsbacher Gründung?	8
	Seelsorge-, Siedlungs- und Kulturauftrag	10
1190	Gründung und Gründungsurkunde	11
1200	Einweihung der Stiftskirche, großzügige Schenkungen	16
1215	„Cursus Sanctae Mariae"	18
1226	Grundstückstausch mit dem Böhmischen König	27
1242/1308	Plünderungen und Brandschatzungen im Stift	29
1371	Auseinandersetzungen mit Rom	32
1400	Kämpfe um Böhmens Krone	33
1422	Hussitenstürme	34
1440	Wiederaufbau des Stiftes	38
1483/1499	Gotische Handschriften aus Klosterbruck	41
1528	Auseinandersetzungen mit der Neuen Lehre	46
1572	Sebastian I., Retter in der Not	48
1600	Am Vorabend des großen Religionskrieges	54
1618	Der Dreißigjährige Krieg	58
1680	Umbau des Klosters und Schrecken der Pest	61
1742	Die Preußen in Klosterbruck	63
1748	Der letzte Umbau des Stiftes	65
1760	Obitorium Canoniae Gerusenae	70
1784	Die Aufhebung des Stiftes	73

Vorwort

Die Vorgeschichte zur Gründung des Stiftes Klosterbruck, die Gründung selbst und die Entwicklung des Klosters über die Jahrhunderte hinweg gibt eindrucksvoll Aufschluß über die Geschichte des Grenzgebietes im südlichen Teil Mährens.
Das Schicksal des Klosters und das Schicksal Südmährens waren bestimmt von der geografischen Lage, von den ungeschützten Grenzen und der dadurch bedingten leichten Zugänglichkeit, den vor allem im Mittelalter bestehenden Machtstrukturen und den Korrelationen der Machtzentren zueinander.
Die Geschichte dieses bedeutenden Prämonstratenser Chorherrenstiftes ergibt sich am deutlichsten in der Fixierung wesentlicher Zeitabschnitte für das Stift, gleichgültig ob dies das Auf und Ab des Klosters selbst, das Baugeschehen im Stift, die Einflüsse von außen oder die kulturgeschichtlichen Beiträge betreffen.
Das Leben in dem Stift Klosterbruck über all die Jahrhunderte war nicht ein weltabgeschiedenes Dasein, das sich nur in dem Auftrag eines gottgefälligen Lebens erschöpft hat. Das Leben im Stift war auch eingebunden in den politischen Alltag, in die kriegerischen Auseinandersetzungen und in die geistigen Strömungen der jeweiligen Epoche. In dem Rückblick auf acht Jahrhunderte werden diese unterschiedlichen Einflüsse, die Leistungen vieler Generationen von Chorherren, die Bedeutung einzelner Persönlichkeiten für den Bestand des Klosters und die Ausstrahlung des Stiftes für ein großes Gebiet in Südmähren deutlich.

Judith von Schweinfurt – die Vorgeschichte zum Stift Klosterbruck

Das Grenzgebiet zwischen Niederösterreich und Mähren zu beiden Seiten der Thaya, die – nach dem Zusammentreffen der deutschen und der mährischen Thayaarme – in West-Ost-Richtung der March zustrebt, war ein Durchzugsland nicht nur im frühen Mittelalter. Kelten, Germanen und Römer, Slawen, Polen und die Reitervölker aus dem Osten haben Spuren hinterlassen. Dieses Grenzland blieb auch dann noch Durchzugsland für friedliche Wanderungsbewegungen und kriegerische Auseinandersetzungen, als Fürst Břetislaw 1029 n. Chr. die Polen aus Mähren vertrieben hatte und von seinem Vater, dem böhmischen Herzog Udalrich, zum Fürsten von Mähren bestellt wurde.
Břetislaw – nach dem Tod seines Vaters auch Herzog von Böhmen – holte sich die erste, sicher bezeugte Prinzessin aus dem Geschlecht der Luitpoldinger/Wittelsbacher auf den Fürsten- bzw. Herzogsthron. Břetislaw soll auf dem Weg zum deutschen Kaiser die schöne Judith von Schweinfurt gesehen und kurzentschlossen aus einem Kloster bei Schweinfurt entführt haben. Der Vater Judiths, Markgraf Heinrich auf dem Nordgau, erscheint in den genealogischen Übersichten als der Stammvater der Wittelsbacher. Judith schenkte Břetislaw fünf Söhne und eine Tochter. Dem Lieblingssohn Konrad wurde das Fürstentum Znaim übergeben, da er „der deutschen Sprache mächtig war"[1].
Durch den frühen Tod Břetislaws im Jahre 1055 n. Chr. veränderten sich die Lebensbedingungen für Judith durch die Nachfolge des ältesten Sohnes Spitignew zum Herzog von Böhmen. Es entstanden nicht nur erhebliche Spannungen zwischen den Brüdern. Spitignew verfügte die Ausweisung der Deutschen, und auch seine eigene Mutter wurde davon betroffen.
Judith zog sich in das Fürstentum Znaim, in ein Schloß an der Thaya, zurück. Es ist jener Ort, wo Jahrzehnte später das Prämonstratenser Chorherrenstift Klosterbruck gegründet wurde. Bei diesem Schloß stiftete Judith eine Kapelle. Ob dies bereits ein Kloster der Benediktiner war, wie in einer Urkunde des Klosters Raygern angedeutet wird, läßt sich aufgrund der vorhandenen Quellen nicht nachweisen.
Die Thaya bildete zu jener Zeit noch die Grenze zwischen der bayrischen Ostmark und Mähren. Das Schloß von Judith befand sich daher unmittelbar am Grenzübergang. Erst 1085 n. Chr.[2] erhielt Wratislaw II. von Kaiser Heinrich IV. für seine treuen Dienste in der Auseinandersetzung des Kaisers mit Leopold II. von Österreich die Gebiete südlich der Thaya bei Znaim zugesprochen, und erst ab diesem Zeitpunkt entspricht die Grenzziehung durch Kaiser Heinrich IV. dem heutigen Grenzverlauf südlich Znaim und Klosterbruck.

Judith starb am 2. August 1058 in ihrem Schloß an der Thaya und fand in der von ihr gestifteten Wenzelskapelle ihre Ruhestätte. Erst Jahre später wurde ihr Leichnam nach Prag überführt. Die Beauftragung Konrads mit dem Fürstentum Znaim, die Entscheidung Judiths, ihren Witwensitz an die Thaya bei Znaim zu verlegen, die Errichtung einer Kapelle beim Schloß und die Maßnahmen Spitignews gegen die Mutter und alle Deutschen beleuchten für eine kurze Zeitspanne die Verhältnisse in dem Grenzgebiet zwischen Österreich und Mähren.

Klosterbruck – Eine Wittelsbacher Stiftung?

Mehr als 130 Jahre nach dem Tod der Herzogin Judith von Schweinfurt wird 1190 von Marie von Wittelsbach, der Witwe des Markgrafen Heinrich von Mähren und Mutter Herzog Konrads (III.) Otto, von Heilika von Wittelsbach, der Gemahlin des böhmischen Herzogs Konrad (III.) Otto und von dem Herzog selbst am Witwensitz der Herzogin Judith ein Kloster gestiftet, in das Prämonstratenser Chorherren berufen werden.

Die Klostergründung an dieser Stelle durch zwei Wittelsbacher Prinzessinnen und den Herzog von Böhmen, der lange Jahre als Fürst von Znaim und als Markgraf von Mähren eine besondere Beziehung zu diesem Ort hatte, war bestimmt von der Erinnerung an Judith, der ersten Prinzessin auf dem böhmischen Herzogsthron.

Die Ermittlung der genealogischen Abstammung des Herzogs Konrad (III.) Otto bereitet einige Schwierigkeiten, da die zumeist aufgeführte direkte Abstammung von Konrad I. – dem Lieblingssohn von Judith von Schweinfurt – einer genauen Nachprüfung nicht standhält. Über dessen Sohn Leopold (Lutold, Liutbold) zu Konrad II. und schließlich in der folgenden Generation zu Konrad (III.) Otto kann es schon deshalb keine direkte Nachkommenschaft geben, da Konrad II. kinderlos verstorben ist.

Die Abstammung Konrads (III.) Otto von Judith und ihrem Gemahl Břetislaw ergibt sich vielmehr über den zweiten Sohn Judiths, dem Fürsten Wratislaw II. Von diesem geht die Linie zu dessen Sohn Wladislaw I. und zu Heinrich – Markgraf von Mähren – als dessen Sohn Konrad (III.) Otto genannt wird. Über vier Generationen böhmischer Fürsten und Herzöge und über die Wittelsbacher Verbundenheit hinweg hat sich die Erinnerung an Judith so lebendig erhalten, daß dieses Chorherrenstift entstanden ist.

Die Abstammung Konrads (III.) Otto ist deshalb von Bedeutung, da keine Nachweise über die verwandtschaftliche Beziehung und über die bayerische Abstammung der, bei der Gründung des Klosters beteiligten, Marie von Wittelsbach aufzufinden sind. Es wird behauptet, daß es sich um die Stiefmutter von Konrad (III.) Otto handelt, die von diesem aber auch in der Stiftungsurkunde als Mutter angesprochen wurde.

Das Zusammentreffen von drei Wittelsbacher Prinzessinnen – Judith, Marie und Heilika – in Klosterbruck läßt die Gründung des Prämonstratenser Stiftes als ein besonderes Anliegen der Wittelsbacher Herzoginnen erscheinen, um das Unrecht wiedergutzumachen, das seinerzeit mit dem Verstoß von Judith durch deren Sohn Spitignew begangen wurde.

Hübner[3] berichtet über ein Bild jener Marie von Wittelsbach (Abb. 1), das über die Jahrhunderte hinweg erhalten geblieben sein soll. Über die Entstehungszeit müssen erhebliche Zweifel angemeldet werden. Nach Hübner handelt es sich um eine neuere Kopie und sei von einem Maler der niederländischen Schule geschaffen worden.

Im Jahre 1190 wurden 12 Chorherren aus dem Kloster Strahov bei Prag nach Klosterbruck berufen. Strahov war das erste Prämonstratenser Chorherrenstift im böhmisch-mährischen Raum, das im Jahre 1138 gegründet und Chorherren aus Steinfeld am Rhein in der Nähe von Köln übergeben wurde.

Abb. 1: Herzogin Marie von Wittelsbach, Mitstifterin von Klosterbruck

Seelsorge-, Siedlungs- und Kulturauftrag

Die von Konrad (III.) Otto gezeichnete Stiftungsurkunde für Klosterbruck legt den in das Stift berufenen Chorherren die Verpflichtung[4] auf, nach der Regel „des seligen Augustin und dem Orden der Prämonstratenser" für das Seelenheil der Stifter und deren Nachfolger tätig und in den Messen eingedenk zu sein.

Die Sorge um das Seelenheil der Stifter, deren Eltern und Nachkommen, war der eine Auftrag, der in der Stiftungsurkunde zum Ausdruck kommt. Der andere Auftrag aber zielte auf die Regel des Augustin, der in fast allen Kirchen der Prämonstratenser neben dem Gründer dieses Ordens, Norbert von Xanten, mit einem brennenden Herzen dargestellt wird.

Der Orden der Prämonstratenser sah es als seine Aufgabe an, sich vor allem der Seelsorge anzunehmen. Im Zusammenhang mit dieser Aufgabenstellung ist der weite Rahmen des Stiftes Klosterbruck zu verstehen, der schon bei der Gründung durch Dotationen von Grundstücken, Kirchen, Kapellen und von Dörfern der weiteren Umgebung festgelegt wird. Auch die Nachfolger Konrads als Markgrafen und Herzöge zeigen sich gegenüber dem Stift Klosterbruck sehr großzügig.

Neben dem Auftrag für das Seelenheil der Stifter und dem Seelsorgeauftrag aufgrund der Stiftungsurkunde hatte das Stift, wie die Klostergründungen in dem Raum der Ostmark und den benachbarten Gebieten, auch einen Siedlungsauftrag. Klosterbruck hatte eine besondere Lage im Grenzgebiet, die durch die häufigen kriegerischen Auseinandersetzungen um die Vormachtstellung der Przemyslidischen Fürsten und Herzöge, durch die Kämpfe zwischen Österreich und den böhmischen Ländern, durch die Vorstöße der Polen, Ungarn und Hussiten, durch die Kämpfe im dreißigjährigen Krieg, durch Hungersnöte und Seuchen im Gefolge dieser Kriege bestimmt war. In diesem – von keinen natürlichen Grenzen geschützten – Gebiet mußten immer wieder hohe Verluste der Bevölkerung durch Zuwanderungen ausgeglichen werden. Es war daher auch der Auftrag des Stiftes Klosterbruck, Siedlungswillige heranzuführen und diese zu betreuen.

Schließlich waren die Insassen der Klöster auch – und vor allem im Mittelalter – Träger einer kulturellen Entwicklung. Für das Stift Klosterbruck gibt es herausragende Dokumente aus sehr früher Zeit, geschaffen von Brüdern des Chorherrenstiftes. Die kulturelle Entwicklung erhielt aber auch durch die Einrichtung von Schulen, durch das Wirken der Chorherren in den Gemeinden, durch die in Klosterbruck gegründete Druckerei, durch Aufträge an Künstler und Kunsthandwerker entscheidende Impulse.

Gründung und Gründungsurkunde   1190

Am Witwensitz der Herzogin Judith von Schweinfurt wird das Prämonstratenser Chorherrenstift Klosterbruck gegründet.
Zwölf Chorherren unter dem Abt Gerhard werden von dem Chorherrenstift Strahov nach Klosterbruck berufen. In der Regel wurden bei solchen Tochtergründungen von dem Abt des abgebenden Klosters[5] zwölf Mitbrüder ausgewählt. Der erste Abt dieses Gründungskonventes wurde von dem Abt des abgebenden Klosters, in diesem Fall also vom Abt des Klosters Strahov, bestimmt.
Die Stiftungsurkunde (Abb. 2), ausgestellt von dem Herzog Konrad (III.) Otto am 24. Oktober 1190 am Hof in Prag, beginnt mit den Worten:
„De gestis hominum suboriri solet saepe calumnia nisi linqua bonorum testium robur abhibeat aut scriptura."
Nach einer Übersetzung von Prof. Dr. Reutter, Brünn[6] lautet dieser lateinische Text:
„Über die Daten der Menschen pflegt oft ein Zwist zu entstehen, wenn nicht das Wort glaubwürdiger Zeugen oder eine Urkunde ihnen Beweiskraft gibt."
Als Zeugen dieser Schenkung sind in der Urkunde genannt: Heinrich, Bischof von Prag, Kaym, Bischof von Mähren. Wladimir und sein Bruder Brecislaus, Herzog von Mähren.
Dem Kloster werden in der Urkunde die Kapelle St. Niklas in Znaim mit ihren Besitzungen, zwei weitere Kapellen, 22 Dörfer und Grundstücke übertragen.
Der Aufbau des Klosters erfolgt unter Einbeziehung der von Judith 1056 gestifteten Kapelle. Die romanische Krypta (Abb. 3), die sich unter dem Kirchenschiff befindet, stammt wahrscheinlich aus der Zeit Judiths und war als Begräbnisstätte der Herzogin gedacht. Sehr eindrucksvoll ist die Gestaltung der einzelnen Pfeiler. Zwei Rundsäulen und vier polygonale Pfeiler tragen das Gewölbe. Ursprünglich waren sieben Pfeiler vorhanden. Beim Aufbau des gotischen Kirchenschiffes wurde ein Pfeiler entfernt.

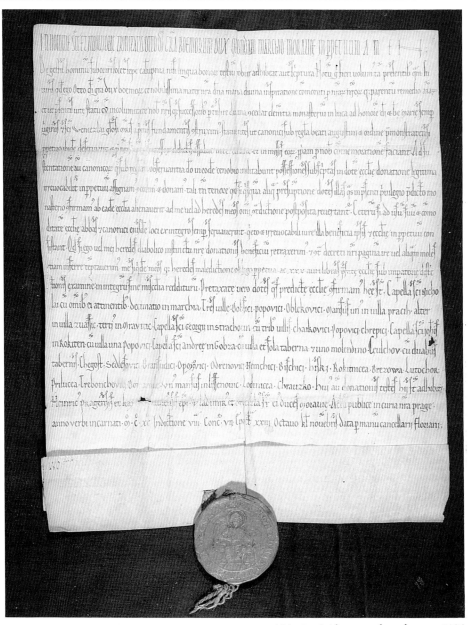

Abb. 2: Stiftungsurkunde von 1190

Abb. 3:
Die romanische Krypta des Stiftes Klosterbruck, entstanden wahrscheinlich unter Judith von Schweinfurt um 1054 n. Chr.

Die Krypta liegt zum größten Teil unter dem Presbyterium der Kirche. Sie war vom Kircheninneren und auch von außen erreichbar. Die Tatsache, daß die Gruft wesentlich schmäler als der Chorbau der Kirche ist und daher die Umfassungsmauern der Gruft nicht mit den Umfassungsmauern des Kirchenschiffes übereinstimmen, deutet auf die unterschiedlichen Bauphasen von Krypta und Kirchenschiff hin. Prokop[7] weist darauf hin, daß „die Größe der ursprünglich hier entstandenen Kapelle oder Kirche in der Breite nach auch den ältesten böhmischen und mährischen Kirchen des 11. und 12. Jahrhunderts" entspricht.

Am Kirchenschiff sind trotz der wiederholten vollständigen späteren Umbauten noch Reste des spätromanischen Bauabschnittes der Zeit um 1190 zu erkennen. Erhalten geblieben sind das Äußere der Apsis, zwei Räume neben dem Presbyterium mit den alten romanischen Pforten und ein Teil des Kreuzganges. Die Abbildungen 4 und 5 zeigen Teile des alten romanischen Baubestandes, den unteren Teil der Apsis und eine Pforte.

Abb. 4:
Der romanische
Teil der Apsis

*Abb. 5:
Erhaltene Bauteile aus dem ursprünglichen romanischen Baukörper: Romanische Pforte*

1200 Einweihung der Stiftskirche, großzügige Schenkungen

Nur zehn Jahre nach Gründung des Klosters kann bereits die Kirche des Stiftes von Bischof Robert von Olmütz in Gegenwart des Markgrafen Wladislaw von Mähren und einer zahlreichen Ritterschaft geweiht werden.

Durch Schenkungen des böhmischen Herzogs, des Markgrafen Wladislaw von Mähren, des Prager Bischofs Heinrich, durch Verleihung von Patronatsrechten in Kirchen in Znaim und im weiteren Umkreis, wurde Klosterbruck reich ausgestattet.

Von dem Ritter Rudger kennen wir keine Lebensdaten und keine Besitzverhältnisse. Erhalten geblieben ist eine Urkunde (Abb. 6) – ausgestellt um das Jahr 1200 – aus der sich die Übertragung des Zehnten der Weinberge von Gnadlersdorf bei Znaim an das Stift Klosterbruck ergibt. Die Urkunde lautet in der Übersetzung des lateinischen Textes[8]:

> „Daher kommt es, daß ich, der Kriegsmann Rudger, es wertgehalten habe, den Gegenwärtigen und Zukünftigen wahren Gläubigen christlichen Bekenntnisses bekannt zu machen, daß ich nach deutschem Recht (more teutonico) die gesamten Zehenten von allen Weingärten, gelegen auf dem Berge, der neben dem Dorfe Gnanlitz (Gnadlersdorf) liegt, dem Kloster Bruck übergeben habe."

Markgraf Wladislaw Heinrich von Mähren bestätigte diese Schenkung im Jahre 1213[9].

Chlumetzky[10] beschreibt die Ausbreitung des deutschen Rechtes in Südmähren. Er verweist darauf, daß schon 1204 die Johanniter von Markgraf Wladislaw das Privilegium für Grusbach erhielten, nach deutschem Recht Kolonien zu gründen. Deutsches Recht wurde nach Chlumetzky in den südmährischen Orten Gnadlersdorf, Kaidling, Lundenburg, Znaim, Borotitz und Erdberg eingeführt.

Zur Begründung führt er an: „Es scheint, daß die Landesfürsten die, während der langen Kriege mit Österreich, durch plötzliche Feindesüberfälle veröedeten Grenzgegenden durch Erteilung besonderer Begünstigungen (wie es das deutsche Recht mit sich führte) für diejenigen, die sich in

diesen Grenzorten ansiedelten, schneller wieder bevölkern und die Kolonisten für den erlittenen Verlust entschädigen wollten"[11].
Bei der Einweihung der Stiftskirche im Jahre 1200 besaß das Stift 36 Dörfer, 10 Pfarren, Grundflächen und Zehentrechte.

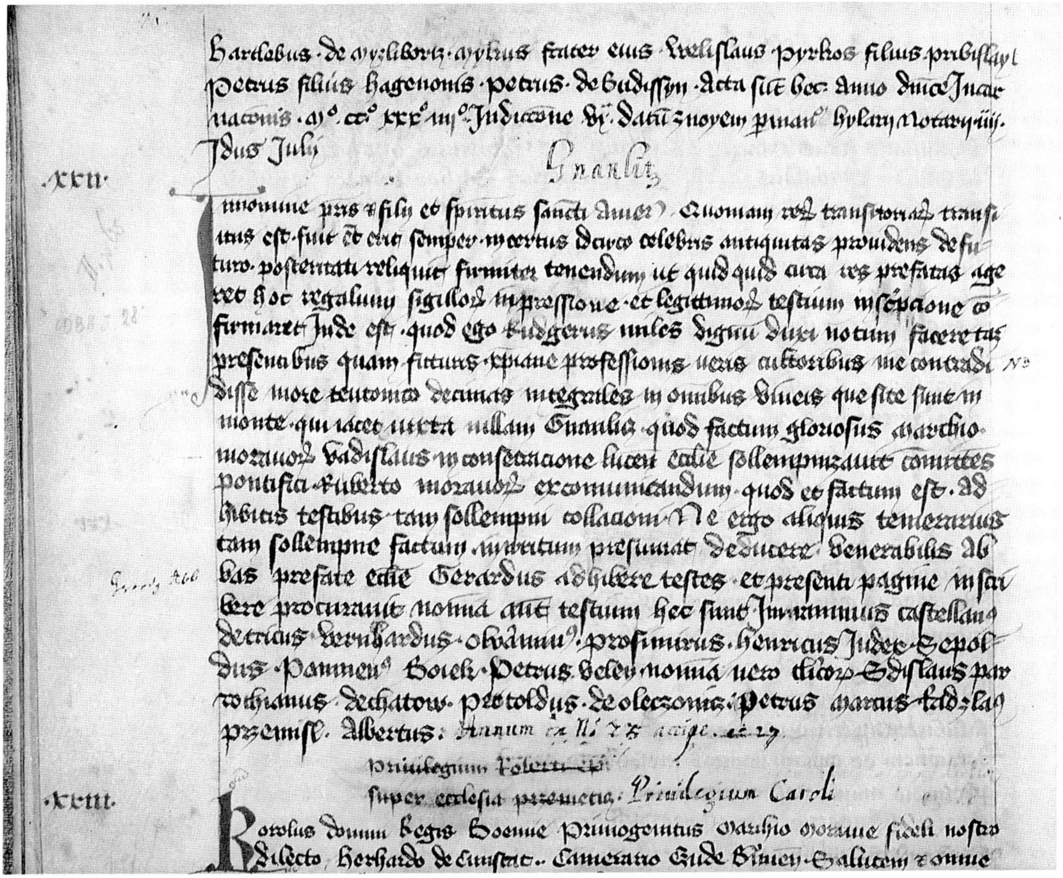

Abb. 6: Auszug aus Codex Moraviae Diplomaticus Band II, S. 65 1202–1213 Nr. LVII

1215 „Cursus Sanctae Mariae"

In der Zeit zwischen 1200 und 1242 entstand in Klosterbruck die romanische Handschrift „cursus sanctae mariae" mit einer Reihe von Miniaturen, einem Kalendarium (Totenbuch), der Liturgie und Gebeten. Es wird angenommen, daß diese Handschrift für Agnes, die Tochter König Ottokars I., geschrieben wurde. Agnes wurde zunächst im Zisterzienser Kloster von Trebnitz und danach im Prämonstratenser Kloster Doxan ausgebildet. Sie gründete später ein Frauenkloster des Franziskaner Ordens in Prag und trat 1235 als Nonne in dieses Kloster ein. Die Handschrift wurde wahrscheinlich von Kunigunde oder von deren Gemahl, dem Markgrafen Wladislaw Heinrich, in Auftrag gegeben. Agnes war deren Nichte.

Besonders wertvoll an dieser Handschrift sind nicht nur die Miniaturen selbst, wertvoll sind auch die in mittelhochdeutscher Sprache abgefaßten Beschreibungen zu den einzelnen Bildern. Von den insgesamt 32 ganzseitigen Miniaturen sind einige in Farbe, einige in schwarz/weiß auf den folgenden Seiten wiedergegeben.

Der mittelhochdeutsche Text der auf den Seiten 19 und 20 wiedergegebenen Miniaturen lautet:

Abb. 7/Seite 19: Hie spinnet. Adam rodet. Abel opfert ein lamb. Cain eine garue. Cain slet sinen bruder abel. Sol ich sin hut sin. Got fraget cain wa sin brud' si. cain wa is din b.

Abb. 8/Seite 20: Noe zimbert die archen, als im got die mace gab. Hie sante noe den raben uz d'archen, un die tube. Hie slafet noe vertrunchen unde dechent in sine sune sem un iafet. Hie wart Loth abrahames brud' sun gevangen un' beroubet. Hie wart Loth von abrahame geledigt.

Abb. 9/Seite 20: Hie git rebecca irme sun iacob ein mos daz erz vor sinen vat trage
Hie segent ysaac sinen sun iacob
Hie zerichet esau vor leide sine cleider durh daz sin vat' iacob hete gesegenet

Abb. 7:
cursus sanctae mariae
Miniatur aus der
romanischen
Handschrift

Abb. 8:
cursus sanctae mariae
Miniatur aus der romanischen
Handschrift

Abb. 9:
cursus sanctae mariae
Miniatur aus der romanischen
Handschrift

> Hie ist iaco gechomen in daz lant da sin oheim was un
> vant bi einem burnen sines oheimes tocht' zue
> Do v'treib er di h'ten unz sine nifteln ir schaf trenclen
> Hie triben si di schaf heim
> Hie entfet Liban sin' swest' sun iacob, laban wib

Von der letzten ganzseitigen Miniatur dieser Handschrift steht nur ein schwarz/weiß-Abzug zur Verfügung. Diese Seite der Handschrift ist sehr stark beschädigt. Der mittelhochdeutsche Text als Bildbeschreibung lautet:

Abb. 10/Seite 22: Hie werdent die zwelf boten erfullet von dem heiligen geiste
> Hie sizzet er in siner drivaldicheit.
> unde Hie in siner mancraft.
> Diz ist der Kunich Heinrich. un Sce kunigunt. Scs Wenzezlaus

Bei den in dieser Miniatur in der letzten Zeile dargestellten Figuren handelt es sich um Heilige, und zwar
> um den deutschen König und Kaiser Heinrich II., der 1146 heiliggesprochen wurde. Er erzwang 1013 die Herausgabe Böhmens von dem polnischen Herzog Boleslaw Chroby. Er war der erste deutsche Kaiser, der in Prag nach seinem Sieg am 8. 9. 1004 residiert hat;
> um Kunigunde, die Gemahlin Heinrichs II. Sie wurde 1200 heiliggesprochen. Da sie in der Handschrift als Heilige aufgeführt ist, muß die Schrift nach 1200 entstanden sein;
> um Wenzel I., der 929 ermordet wurde. Er begünstigte den Anschluß Böhmens an das Reich und die Christianisierung des Landes.

Im Text befinden sich kleinere Miniaturen, die in Initialen eingebettet sind, bzw. den Text als Zeichnungen schmücken.
Auf zwei der mit Bildern geschmückten Initialen sei verwiesen. Leider ist die Wiedergabe sehr mangelhaft. Abb. 11 zeigt den St. Michael als Drachentöter, der den Text zu diesem Heiligen illustriert. Abb. 12 stellt die Verkündigung dar und schmückt den Buchstaben „D" des Wortes „Domine".
Außergewöhnlich in dieser Handschrift ist auch ein Gebet, das zum größten Teil in mittelhochdeutscher und nur zum geringeren Teil in

Abb. 10:
cursus sanctae mariae
Miniatur aus der romanischen Handschrift

lateinischer Sprache abgefaßt ist. Dieses Gebet und eine sinngemäße Übersetzung ist in Abb. 13 auf Seite 25 abgebildet.

Ein genaues Entstehungsjahr für diese Handschrift ergibt sich nicht aus dem Text selbst. In dem Zeitraum zwischen 1200 (Heiligsprechung der Kaiserin Kunigunde) und 1242 muß dieses außerordentliche Werk entstanden sein und vor 1242 von Klosterbruck in Sicherheit gebracht worden sein, denn in diesem Jahr wurde das Kloster von den Truppen Friedrichs des Streitbaren geplündert. Als Entstehungsjahr wird daher das Jahr 1215 angenommen[12].

Da die Handschrift in der Nähe von Halberstadt aufgefunden wurde und in der Schrift keine direkten Hinweise auf den Entstehungsort angegeben sind, mußte der Bezug zu Klosterbruck auf Umwegen[13] hergestellt werden. Dieser Bezug ergibt sich aus den Eintragungen in dem Kalendarium, durch den Vergleich der Miniaturen mit den Fresken in dem wohl ältesten Bauwerk Mährens, der Burgkapelle (Heidentempel) in Znaim, und schließlich durch die zufällige Entdeckung eines Manuskript-Fragmentes aus dem 13. Jahrhundert im Znaimer Museum. Das Fragment war als Bucheinband verwendet worden. Der Text dieses Fragmentes entspricht dem Lobgesang in der Handschrift. Abb. 14 auf Seite 26 zeigt in Gegenüberstellung den Auszug aus der Handschrift und die Seite des Fragmentes.

Die Hinweise in dem Kalendarium der Handschrift betreffen Eintragungen von Personen, die unmittelbar auf Znaim und auf Klosterbruck Bezug nehmen, wie

Ingramus	Emeran, Burggraf oder Kastellan von Znaim, Bruder des zweiten Abtes Florian von Klosterbruck, der 1220 dem Kloster die von ihm erbaute Kirche in Brenditz schenkte,
Stephanus Miles	Burggraf oder Kastellan von Nikolsburg, Patron von Klosterbruck,
Otto Dux Boemorum	Conrad (III.) Otto, Stifter des Klosters,
Heilka Palatina	Heilika von Wittelsbach, dessen Gemahlin,
Arthlebus	Hartlibus, Kastellan von Znaim.

Die erste Beschreibung dieser Handschrift erfolgte im Jahre 1863 durch Wilhelm Wattenbach. Zu dieser Zeit befand sie sich im Besitz von Eduard Heine in Halberstadt. Von einem Mitglied der Familie Heine wurde die

Abb. 11:

cursus sanctae mariae
Initiale aus der romanischen
Handschrift

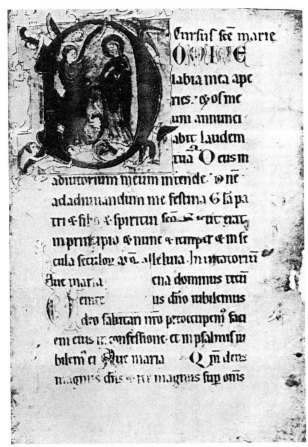

Abb. 12:

cursus sanctae mariae
Initiale aus der romanischen
Handschrift

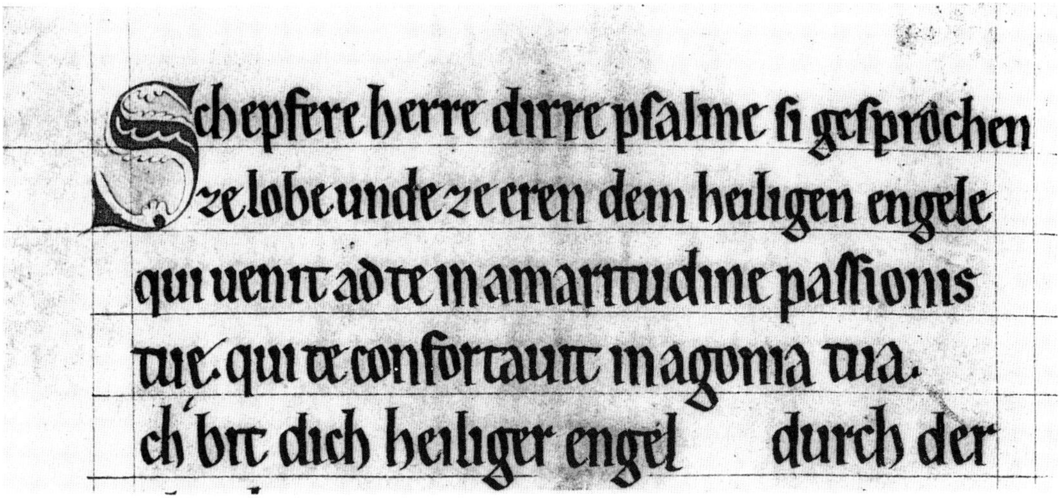

> Schepfere herre dirre psalme si gesprochen
> ze lobe unde ze eren dem heiligen engele
> qui uenit ad te in amaritudine passionis
> tue, qui te confortauit in agonia tua.
> ich bit dich heiliger engel   durch der

Abb. 13: cursus sanctae mariae
Mittelhochdeutsches/lateinisches Gebet aus der romanischen Handschrift

In freier Übersetzung lauten diese Zeilen des Gebetes wie folgt:
„Schöpfer Herr, dieser Psalm sei Dir gesprochen um zu loben und zu ehren den heiligen Engel, der zu Dir gekommen ist in der Bitterkeit Deines Leidens, welcher Dich gestärkt hat in Deinem Todeskampf. Ich bitte Dich heiliger Engel durch der"

Handschrift 1928 an Mr. J.P. Morgan nach den USA verkauft und steht heute in der Morgan-Bibliothek in New York.

Die außerordentliche Bedeutung dieser Handschrift für das Stift Klosterbruck liegt in der Tatsache begründet, daß trotz Plünderungen und Brandschatzungen in den folgenden Jahrhunderten dieser Schatz an Miniaturen und mittelhochdeutschem Schrifttum erhalten geblieben ist. Es ist ein eindrucksvolles Dokument des kulturellen Schaffens in dem Stift Klosterbruck.

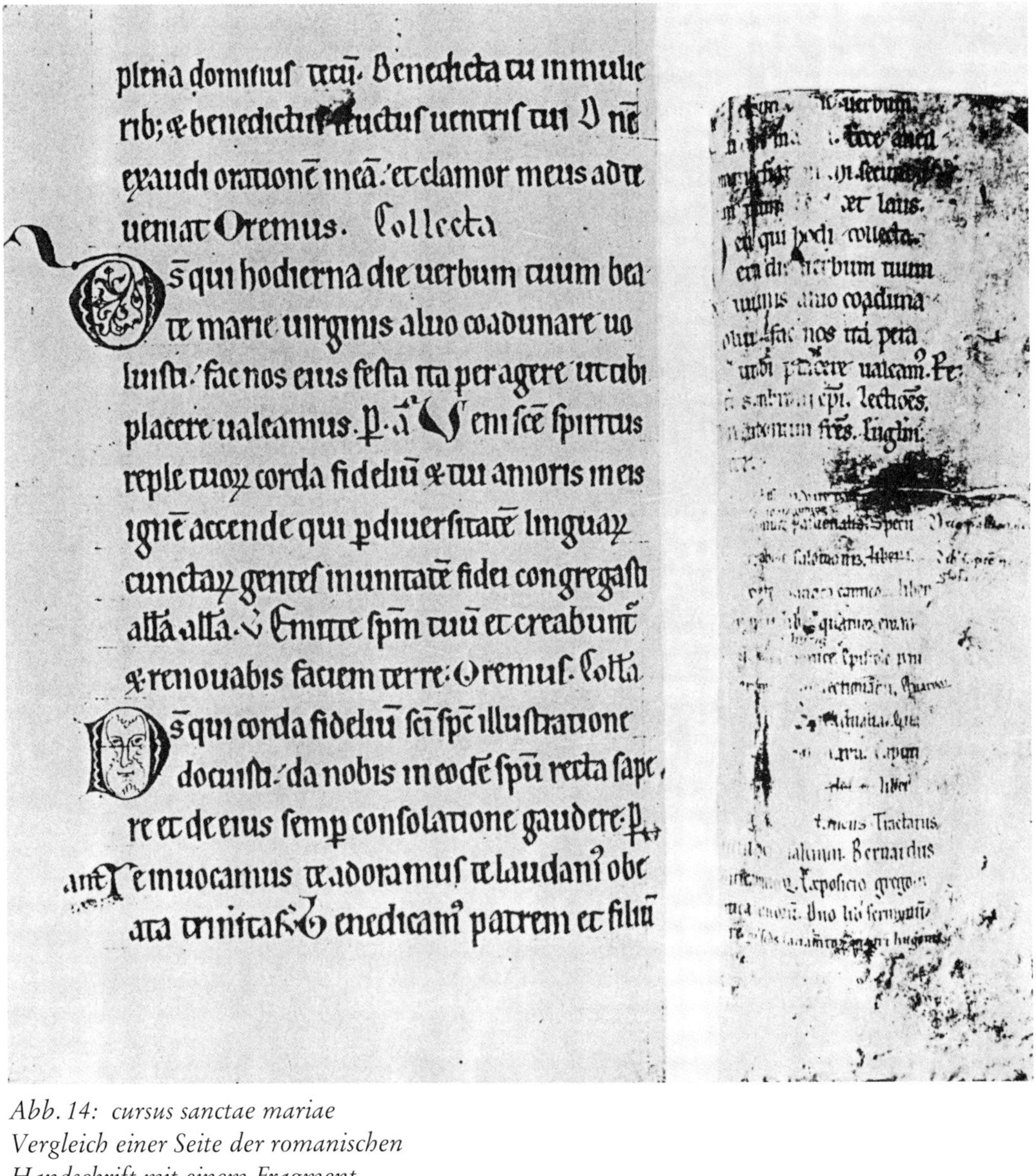

plena dominus tecū. Benedicta tu in mulie
rib; & benedictus fructus uentris tui. D̄ nē
exaudi orationē meā. et clamor meus ad te
ueniat. Oremus. Collecta
Dš qui hodierna die uerbum tuum bea
te marie uirginis aluo coadunare uo
luisti. fac nos eius festa ita per agere ut tibi
placere ualeamus. p. ā. V̄eni sc̄e spiritus
reple tuo% corda fideliū & tui amoris in eis
ignē accende qui p diuersitate linguaŗ
cunctaŗ gentes in unitate fidei congregasti
alla alla. V̄ Emitte spm̄ tuū et creabunt
& renouabis faciem terre. Oremus. Colla
Dš qui corda fideliū sc̄i sp̄c illustratione
docuisti. da nobis in eode sp̄u recta sape
re et de eius semp consolatione gaudere. p.
ant Te inuocamus te adoramus te laudam? obe
ata trinitas. Benedicam? patrem et filiū

Abb. 14: cursus sanctae mariae
Vergleich einer Seite der romanischen
Handschrift mit einem Fragment

Grundstückstausch mit dem böhmischen König 1226

Die St. Niklaskirche und die zu dieser Kirche gehörenden Grundstücke und Häuser in Znaim wurden bereits bei der Gründung im Jahre 1190 dem Stift Klosterbruck übereignet.
Die günstige Lage Znaims als direkte Verbindung aus dem böhmisch-mährischen Raum nach Süden führte zu einem raschen Anwachsen dieser Ansiedlung, die in Urkunden des 12. Jahrhunderts bereits als Stadt bezeichnet wird.
1226 wollte der böhmische König Přemysl Ottokar I. die Weiterentwicklung Znaims fördern und führte langwierige Verhandlungen mit dem Stift Klosterbruck, um Grundstücke des Klosters zu erwerben bzw. zu tauschen. Diese Grundstücke im Weichbild der Ansiedlung wurden benötigt, um die Gründung und Erweiterung der Stadt Znaim im gleichen Jahr vornehmen zu können.
Die Urkunde über die Stadtgründung, die am 19. September 1226 ausgestellt ist, nimmt daher auch ausdrücklich auf den Abt Florian des Stiftes Klosterbruck und auf den Grundstückstausch mit dem Stift Bezug.
Nach Vrbka lautet die lateinische Urkunde in deutscher Übersetzung[14]:

> „Wir tun allen jetzt Lebenden und Künftigen kund, daß Wir, weil Wir vor (der Burg) Znaim eine Stadt errichten und in sie Leute zusammen berufen wollen und weil Unser eigener dort liegender Grund und Boden zur Errichtung Uns nicht ausreichte, ein Grundstück hinzufügen, namens Culchow, mit allem seinem Zubehör, nämlich Äckern und Zoll, der dort empfangen wurde, und das zum Kloster Bruck gehört, ausgenommen allein einen Weiler um die Kirche St. Nikolaus, mit Namen Ugezdez, der immer gesondert als Ausstattung dieser Kirche gehörte, mit den Höfen des Meisters Peter, des Schützen Heinrich, des Schützen Ulrich und anderen, an der genannten Kirche liegenden, daß Wir also das der vorgenannten Stadt und ihren Bewohnern geschenkt haben. Dem erwähnten Kloster Bruck haben Wir an Stelle des genannten Grundstückes (es folgt die Aufzählung der Gegenleistung) gegeben.

Ferner haben wir auch festgesetzt, daß, wenn auf den Äckern, die Wir Unserer vorgenannten Stadt im Tausch mit dem Abte von Klosterbruck geschenkt haben, Weingärten gepflanzt sind, doch dieser selbe Abt ganz und voll von ihnen den Zehent erhalten soll.

Nachher ist aber der Abt des genannten Klosters, Florian, zu Uns gekommen und hat demütig gebeten, daß Wir diese Unsere Schenkung oder, um die Wahrheit zu sagen, den Tausch rechtskräftig und festmachen mit der königlichen Amtsgewalt..."

Die Urkunde zeigt deutlich die hervorragende Stellung, die dem Abt von Klosterbruck vom König eingeräumt wird. Obwohl dem Kloster erst kurze Zeit davor die Grundstücke in Znaim übergeben worden waren, muß der böhmische König eine Lösung im Einverständnis mit dem Stift herbeiführen.

Plünderungen und Brandschatzungen im Stift

1242/ 1308

Friedrich II., der letzte Babenberger auf dem österreichischen Herzogthron, ging in die Geschichte als Friedrich der Streitbare ein. Friedrich ließ kaum eine Gelegenheit aus, sich Feinde zu schaffen und mit seinen Nachbarn Händel auszutragen.
Auch mit dem deutschen Kaiser, Friedrich II., verschlechterte sich das Verhältnis so sehr, daß dieser mit einem Heer nach Österreich zog und die Reichsacht gegen den Herzog aussprach. Um die Gefahr abzuwenden, verbündete sich Friedrich der Streitbare mit dem Böhmenkönig und versprach diesem für seine Unterstützung das Land nördlich der Donau. Doch kaum war der Kaiser abgezogen, eroberte Friedrich einen Stützpunkt nach dem anderen und dachte nicht daran, sein Versprechen gegenüber dem böhmischen König einzuhalten. Wiederholt kam es nun zu kriegerischen Auseinandersetzungen zwischen Böhmen und Österreich. Bei einem dieser Kriegszüge wurde auch das Stift Klosterbruck in Mitleidenschaft gezogen. Truppen Friedrichs des Streitbaren plünderten 1242 das Kloster (Abb. 15).
Der frühe Tod Friedrichs des Streitbaren (1246) – er fiel im Kampf gegen den östlichen Nachbarn – verschlimmerte die Lage in Österreich noch mehr. Das entstehende Machtvakuum wurde sowohl von Ungarn als auch von Böhmen genützt.
Nur wenige Jahre nach dem Tod Friedrichs des Streitbaren waren es Kumanen 1252/1253, Hilfstruppen des ungarischen Königs Bela IV., die weite Teile Südmährens und auch das Stift Klosterbruck heimsuchten und plünderten.
Die Kumanen sind ein untergegangenes Turkvolk, das über die Ukraine nach Ungarn im 12. und 13. Jahrhundert eingedrungen war. Es bewahrte bis ins 17. Jahrhundert Sonderrechte und wurde erst im 18. Jahrhundert völlig madjarisiert.
Die Nachfolge Friedrichs des Streitbaren in Österreich versuchte der böhmische König – seinerzeit noch Markgraf von Mähren – Přemysl Ottokar II. durch die Heirat mit der Schwester jenes letzten Babenber-

gers, der um beinahe zwanzig Jahre älteren Margarete, zu sichern. Er zog in Österreich ein und konnte mit Unterstützung des österreichischen Adels und durch eine zunächst sehr kluge Verwaltung seine Macht in Österreich festigen. Sein böhmisches Königreich konnte er über Österreich, die Steiermark und Kärnten zu einem bedeutenden Pfeiler des deutschen Reiches ausbauen.

Den übrigen Fürsten des Reiches wurde der Machtbereich Przemysl Ottokars II. allmählich zu groß. Sie wählten, unter Ausschaltung des böhmischen Königs, Rudolf von Habsburg zum deutschen König. Ohne eigene Macht hatte Rudolf von Habsburg zunächst einen schweren Stand im Reich. Er forderte aber sofort nach seinem Regierungsantritt das, durch des letzten Staufers Tod, erledigte Reichsgut zurück und traf damit in erster Linie den böhmischen König mit den von diesem besetzten Ländern Österreich, Steiermark und Kärnten. Przemysl Ottokar II. wollte sich dem neuen deutschen König nicht beugen. Es kam 1276 zur Reichsacht gegen Przemysl und Rudolf zog mit einem kleinen Heer in Österreich ein.

Da sich die meisten Städte und der Adel – inzwischen mit der Herrschaft Ottokars unzufrieden – auf die Seite Rudolfs stellten, mußte sich Przemysl Ottokar II. zunächst beugen und verlor die von ihm besetzten Länder. Nur Böhmen und Mähren blieben ihm. Doch zu schwer war diese Erniedrigung für den böhmischen König. Noch hatte er Anhang in Österreich. Mit einem Heer zog Przemysl Ottokar II. 1278 über Südmähren gegen Rudolf von Habsburg. Am Weidenbach zwischen Dürnkrut und Jedenspeigen nahe der mährischen Grenze trafen die beiden Heere aufeinander. Es wurde ein glänzender Sieg Rudolfs; Przemysl Ottokar II. verlor in dieser Schlacht sein Leben. Wieder waren es die Kumanen, die diesmal im Gefolge Rudolfs von Habsburg gekämpft hatten und nach dem Sieg das Stift Klosterbruck verwüsteten.

Und zum vierten Mal in der kurzen Zeitspanne von nur etwa siebzig Jahren suchen Truppen 1308 das Kloster heim. In diesem Krieg ging es um die Thronfolge in Böhmen und Mähren.

Mit der Ermordung des siebzehnjährigen Wenzel III. (1307) in Olmütz erlischt das Haus der Przemysliden im Mannesstamm. Die Folge sind Unruhen und erbitterte Kämpfe im gesamten böhmisch-mährischen Raum.

Der deutsche König, der Habsburger Albrecht I., meldete die Forderung nach dem Heimfall Böhmens und Mährens an das Reich an und belehnte seinen ältesten Sohn, gleichzeitig aber auch seine übrigen Söhne, mit dem Königreich Böhmen und Mähren. Da Rudolf, der älteste Sohn, bereits im gleichen Jahr stirbt, folgt ihm der zweite Sohn Albrechts, Friedrich der Schöne.

Eine starke Gegenpartei gegen diese Belehnung unter Heinrich von Kärnten, der mit der ältesten Schwester des letzten Přemysliden verheiratet war, hatte sich aber bereits gebildet. Heinrich wurde ebenfalls zum böhmischen König gewählt. In der Auseinandersetzung zwischen diesen beiden Parteien rückt 1308 ein Heer des deutschen Königs Albrecht I. über Eger nach Böhmen vor. Friedrich der Schöne zieht mit seinem Heer über Mähren dem deutschen König entgegen.

Bei dem Vormarsch Friedrichs des Schönen wird das Stift Klosterbruck von den Truppen geplündert und gebrandschatzt. Die Chorherren fliehen aus dem Stift und aus ihren Pfarrstellen. Das Kloster verödet.

Der Niedergang des Klosters führte 1310 zur Verpfändung eines Dorfes. Nur mit Mühe konnte der Wohlstand des Stiftes in den folgenden Jahren allmählich wieder gehoben werden. Aber erst 1340 wurde das verpfändete Dorf vom Stift wieder eingelöst.

Abb. 15: Kampf um eine Stadt
Miniatur aus der romanischen Handschrift
cursus sanctae mariae

1371 Auseinandersetzungen mit Rom

Abt Otto II. des Stiftes Klosterbruck wurde im Jahre 1353 gewählt und bemühte sich, wie seine beiden Vorgänger, nach den schweren Schäden des Klosters in den zurückliegenden Jahrzehnten um die Wiederherstellung der Ordnung im Kloster und um Zuwendungen von Dritten, um die wirtschaftliche Basis des Stiftes zu verbessern. Er selbst übergab dem Stift sein ganzes Vermögen und seine Benfizien in zwei Dörfern der Umgebung.

Die finanzielle Situation des Stiftes wollte dieser Abt auch dadurch anheben, daß er die Verpflichtungen gegenüber Rom vernachlässigte. Vrbka schreibt, daß im Jahre 1371 „das Kloster wegen nicht gehörig geleisteter ‚Geldpitantien' nach Rom mit diesem in arge Zerwürfnis" [15] geriet.

Dieser Streit zog sich über viele Jahre hin und Rom mußte zum schärfsten Mittel greifen, um das Stift gefügig zu machen. 1391 wurde der Abt und der gesamte Konvent excommuniziert.

Erst ein Jahr später – 1392 – erfolgt für das Stift, nach Zahlung der geschuldeten Beträge, die Befreiung vom Bann.

Um 1400

Kämpfe um Böhmens Krone

Die Zeit einer ruhigen und friedlichen Entwicklung unter dem deutschen Kaiser und König von Böhmen Karl IV. in mehr als dreißig Jahren der zweiten Hälfte des 14. Jahrhunderts brachte für Böhmen und Mähren einen zunehmenden Wohlstand.

Doch schon unter dem Nachfolger Wenzel IV. wurden die Spannungen im Reich und die Spannungen unter den Nachkommen von Karl IV. immer größer. Der mit der Markgrafschaft Mähren betraute Jodok (Jost) und seine beiden Vettern Wenzel und Sigmund wurden nach dem Tode Ruprechts III. von der Pfalz 1410 gleichzeitig zu deutschen Königen gewählt.

Zusätzlich führten Auseinandersetzungen zwischen Jodok und seinem Bruder Prokop in Mähren zu Machtkämpfen. Im Verlauf einer kriegerischen Auseinandersetzung wurde Prokop nach einer Belagerung der Stadt Znaim, wohin dieser sich zurückgezogen hatte, von seinem Bruder Jodok gefangen genommen und starb in der Gefangenschaft.

Das Stift Klosterbruck hatte durch diese Auseinandersetzungen und die Willkürmaßnahmen des Markgrafen Jodok schwer zu leiden. Jodok eignete sich Vermögen des Klosters an und gab es erst später wieder an das Stift zurück.

Der Zustand des Stiftes Klosterbruck hatte in dieser Zeit stark gelitten. Zum Teil waren die Zellen und der Kapitelsaal bereits baufällig. Selbstverständlich wirkte sich die Verwahrlosung des Klosters auch auf die Einstellung der Chorherren aus. Die Disziplin im Kloster ließ sehr zu wünschen übrig.

1422 Hussitenstürme

Ganz Mitteleuropa wurde von den fanatisierten Hussiten zu Beginn des fünfzehnten Jahrhunderts in Angst und Schrecken versetzt. Mit dem Sturz von sieben Ratsherren aus dem Neustädter Rathaus in Prag (1419) begannen als Antwort auf das Konzil zu Konstanz (Abb. 16 J. Hus) die blutigen Ausschreitungen, die zunächst in Böhmen – und dort vor allem gegen die Deutschen – wüteten und erst später auf Mähren und die benachbarten Gebiete übergriffen.

Für das Stift Klosterbruck bringt diese Zeit schwere Belastungen. 1421 besetzt Erzherzog Albrecht Klosterbruck, um drohenden Einfällen der Hussiten vorzubeugen. Aber bereits am 14. November 1422 wird das Stift von den Taboriten – dem radikalen Flügel der hussitischen Bewegung – erstürmt und niedergebrannt. Die Chorherren flohen aus dem Stift und suchen zunächst in Retz/Niederösterreich Zuflucht. Die Hussiten erobern aber schon kurze Zeit später auch die Stadt Retz und nehmen die Chorherren als Gefangene mit nach Böhmen. Auch der Abt soll unter den Gefangenen gewesen und in der Gefangenschaft im Jahre 1432, also zehn Jahre später, gestorben sein.

Noch öfter stoßen die Hussiten über das südliche Mähren gegen Österreich aber auch gegen Ungarn vor und verwüsten auf ihrem Weg die von wehrhaften Stadtmauern ungeschützten Gebiete. Die Kampfkraft der Hussiten beruhte unter anderem auf der Taktik der Wagenburgen, mit denen sie sich erfolgreich verteidigen konnten. Abb. 17 zeigt eine zeitgenössische Darstellung einer solchen Wagenburg. Bis zum Jahr 1430 waren es immer wieder aus Böhmen vorgetragene Überfälle, bei denen die „Kreuzfahrer", die sich ihnen in den Weg stellten (Abb. 18 zeigt einen solchen Kampf), oft genug schwere Niederlagen erlitten. Abb. 19 zeigt die Feldzüge der Hussiten in die Nachbarländer, die mit Toten und zerstörten Dörfern gesäumt waren. In dieser Karte sind lediglich die wesentlichen Feldzüge der Hussiten angegeben. Deutlich ist daraus zu erkennen, daß das Zentrum der hussitischen Vernichtungszüge in Böhmen lag und Mähren, wie auch die Nachbarländer, unter diesen Überfällen zu leiden

Abb. 16: Johannes Hus

Abb. 17:
Hussitische Wagenburg,
erfolgreich eingesetzte
Verteidigung

Abb. 18:
Kampfszene aus den
Hussitenkriegen

hatten. Die gerade durchgezogenen Linien in dieser Karte (Abb. 19) verweisen auf die mittelalterlichen Zentren, in denen die Hussiten geistige Unterstützung fanden.

Erst durch den Sieg der gemäßigten Verbände der Utraqisten über die Taboriten im Jahre 1434 endete die ständige Bedrohung für die Nachbarregionen.

Nicht nur das Klosterleben im Stift Klosterbruck und die Betreuung der Pfarrstellen im Einflußbereich von Klosterbruck durch die Chorherren hat in dieser Zeit gelitten. Zerstörte Dörfer und verödete Landstriche waren die Wegzeichen der angeblich für eine religiöse Überzeugung kämpfenden Hussiten.

Abb. 19: Kriegszüge der Hussiten
Verbindungslinien der Hussiten zu geistigen Zentren des Mittelalters

1440 Wiederaufbau des Stiftes

Nach den Verwüstungen der zurückliegenden Jahrzehnte kommt es im Stift Klosterbruck durch das Zusammentreffen von zwei bedeutenden Persönlichkeiten zu einer neuen Blüte.

1440 wird Pribislaus II. zum Abt des Stiftes gewählt, der sich mit großer Energie für den Wiederaufbau des Klosters und für die Wiedereinführung der klösterlichen Ordnung einsetzt.

Bei seinen Plänen für den Wiederaufbau wird er unterstützt von Niklas von Edelspitz, einem bedeutenden Baumeister, dem die Stadt Znaim ihr Wahrzeichen verdankt. Der Rathausturm der Stadt Znaim, der schon von weitem in seiner eigenwilligen Gestalt unverkennbar ist, wurde von Niklas von Edelspitz im Jahre 1448 fertiggestellt. Die Abb. 20 zeigt den Rathausturm als Ausschnitt aus dem Kupferstich von Hufnagel, der vor 1600 entstanden ist. Das Meisterzeichen von Niklas und eine Inschrift am Turm des Rathauses (Abb. 21) verweisen noch auf diesen Baumeister.

Von 1440 bis 1498 wurde von Niklas von Edelspitz der gotische Umbau des Stiftes vorgenommen. Anstelle der von den Hussiten zerstörten romanischen Kirche errichtete er einen stolzen gotischen Bau, der nur noch Reste der erhalten gebliebenen romanischen Teile übernehmen konnte.

Eindrucksvoll ist der gotische Chorbau mit den 9,5 Meter hohen zweigeteilten Fenstern. Abb. 22 vermittelt einen Eindruck dieses Bauwerks. Die Abbildung entstand etwa um das Jahr 1900. Durch spätere Umbauten hat sich das Bild etwas verändert. Die übrige Kirche und der große Vorderturm wurden ebenfalls in dem Stil dieser Zeit wiederhergestellt und auch der Kreuzgang erneuert.

Der Blick aus dem Kircheninneren (Abb. 23) gegen den Chorbau vermittelt trotz der Veränderungen durch Umbauten in den folgenden Jahrhunderten den bestimmenden Einfluß auf das Kirchenschiff durch die Baupläne von Niklas von Edelspitz.

Auch das alte Schloß, das einstmals Judith von Schweinfurt bewohnt hatte, wurde in die Umbauarbeiten einbezogen.

Mehr als fünfzig Jahre wurde an der Instandsetzung des Stiftes gearbeitet.

Abb. 20:
Znaimer Rathausturm, Ausschnitt aus dem Kupferstich von Georg Hufnagel um 1600

Abb. 21:
Steinmetzzeichen des Niklas von Edelspitz mit Inschrift am Znaimer Rathausturm

Abb. 22:
Gotischer Chor der Klosterbrucker Kirche

Abb. 23: Blick aus dem Kircheninneren auf den gotischen Chor der Klosterkirche

Gotische Handschriften aus Klosterbruck   1483/ 1499

In der Zeit des Abtes Paul (1474–1512), der 38 Jahre das Schicksal des Stiftes Klosterbruck bestimmte, entstanden Handschriften, die aufgrund ihrer wertvollen Ausarbeitung zu den besonderen Schätzen dieses Klosters gehörten.

1483 schuf der Klosterbrucker Bruder Benedikt ein Missale, dies ist eine Handschrift, in der die Gebete, Lesungen und Gesangstexte zur Messe enthalten sind. Reiche ornamentale Verzierungen und prachtvoll ausgearbeitete Zeichnungen zeigen das Können dieses Priesters. Die Abbildungen 24 und 25 geben einen Eindruck von der Ausdruckskraft dieser Handschrift. Das Manuskript befindet sich im Kloster Strahov. Es ist wahrscheinlich nach der Aufhebung des Stiftes Klosterbruck dorthin gelangt.

Ebenso bedeutend ist das Graduale von Klosterbruck, das 1499 von Aegidius Has, einem Passauer Priester, geschrieben und gemalt wurde. Bei dem Graduale handelt es sich um eine Sammlung von Gesängen der katholischen Messe zwischen Epistel und Evangelium. Fälschlicherweise wird das Graduale in der Literatur auch als Antiphonar bezeichnet. Das Manuskript ist 85 cm hoch, 40 cm breit und enthält 262 Pergamentblätter. Besonders hervorgehoben wird von Prokop[16] ein Bild, das eine Initiale von 12 cm Breite und 16 cm Höhe mit der Ausgießung des heiligen Geistes und dem Wappen des Abtes Paul darstellt. Die Inschrift dieser Handschrift verweist auf den Abt Paul, auf das Jahr 1499 und auf den Schöpfer der Handschrift mit folgenden lateinischen Worten: „Aegidius Has, Clericus Patavienses dioecesis scriptor hujus libri". Die Abb. 26 vermittelt einen Eindruck von dem Können dieses Meisters. Die Handschrift befindet sich heute in Olmütz.

Aus der Zeit, in der die Handschriften in Klosterbruck entstanden sind, stammt auch das „Zehentweinmaß" des Stiftes (Abb. 27). Es steht heute im Znaimer Museum. Das Weinmaß ist aus Bronze gegossen und zeigt die Jahreszahl 1492. Die reiche Verzierung auf diesem Weinmaß verweist auf die Zeit seiner Entstehung.

*Abb. 24:
Missale, gotische Handschrift, entstanden 1483 in Klosterbruck*

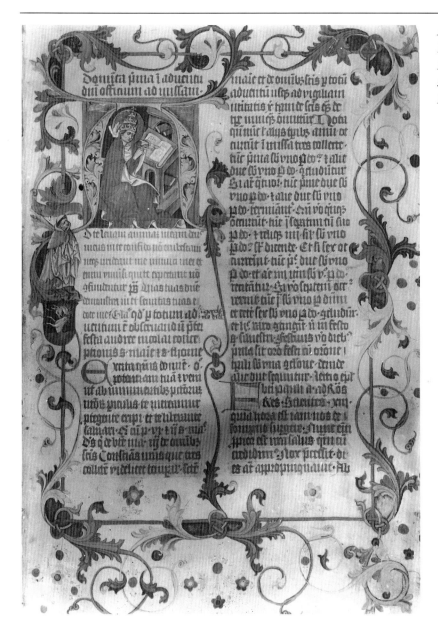

*Abb. 25:
Missale, gotische Handschrift, entstanden 1483 in Klosterbruck*

Abb. 26:
Graduale, gotische Handschrift, entstanden 1499 in Klosterbruck

Abb. 27: Zehentweinmaß aus dem Stift Klosterbruck

1528 Auseinandersetzungen mit der neuen Lehre

Waren es im 14. und 15. Jahrhundert vorwiegend Einflüsse durch Machtkämpfe der Dynastien um die Vorherrschaft und der Fürstenhäuser um den persönlichen Vorteil, welche die Menschen in Südmähren betroffen haben und die Existenz des Klosters durch Kampfhandlungen und Besetzungen gefährdeten, so ergeben sich zu Beginn des sechzehnten Jahrhunderts geistige Strömungen, die nicht nur in den Dörfern und Städten das religiöse Leben veränderten.

Auch in den Klöstern zeitigte das Aufkommen der Wiedertäufer und die Lehre Martin Luthers eine heftige Resonanz. Das Stift Klosterbruck wurde vor allem von dem Vordringen der protestantischen Lehre in seinem Wirken außerhalb des Klosters stark behindert. Aber auch Chorherren verlassen das Kloster und treten zu der neuen Lehre über. In den Gemeinden gewinnen die Prediger des protestantischen Glaubens die Überhand und verdrängen die katholischen Geistlichen aus vielen Kirchen. In der zum Stift gehörenden Hauptkirche der Stadt Znaim, in der Kirche zu St. Niklas, werden 1528 protestantische Prediger tätig.

Der in dieser Zeit einsetzende Niedergang des Klosters wird noch verstärkt durch eine Mißwirtschaft im Kloster selbst. Dem im Jahre 1546 gewählten Abt Methodius wird unehrliche Gebahrung und Verschwendung mit den Geldern des Stiftes vorgeworfen. Das Ausscheiden vieler Chorherren führt dazu, daß Pfarren, die von Chorherren des Stiftes betreut waren, weltlichen Geistlichen überlassen werden müssen. Das Kloster ist verschuldet, Zucht und Ordnung in Klosterbruck haben in dieser Zeit ebenso gelitten, wie an vielen anderen Orten. Vrbka[17] schreibt: „Es wird in jener Zeit von Bruck wie von einer Höhle der Unverschämtheit gesprochen. In anderen Klöstern herrschten ähnliche Verhältnisse". Der 1568 gewählte Abt Georg verzichtet 1572 auf seine Würde, da er nicht die Kraft hat, die Ordnung im Kloster wiederherzustellen.

Das Stadtrechtsbuch von Znaim, das 1523 – in der Zeit großer Verunsicherungen und erheblicher Spannungen unter den Menschen – entstanden ist, zeigt (Abb. 28) ein eindrucksvolles Bild von Klosterbruck im Vorder-

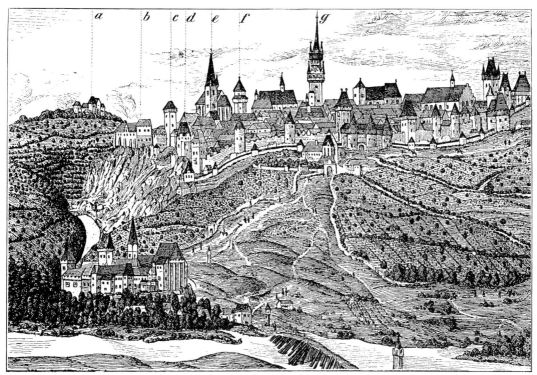

*Abb. 28: Blick auf Klosterbruck und Znaim,
aus dem Stadtrechtsbuch der Stadt Znaim, 1523*

grund und der von Mauern bewehrten Stadt. Diesen Kupferstich, sowie die übrigen Bilder des Stadtrechtsbuches, schuf Wolfgang Fröhlich von Olmütz.
Bei der Betrachtung des Kupferstiches gewinnt man den Eindruck, daß es dem Künstler besonders auf Klosterbruck im Vordergrund angekommen ist und er dem Stift ein besonderes Gewicht gegenüber der Stadt verleihen wollte.

1572 Sebastian I., Retter in der Not

Der freiwillige Verzicht des Abtes Georg im Jahre 1572 auf das Prälatenamt macht die unhaltbaren Zustände im Kloster besonders deutlich.
In dieser außerordentlichen Notlage findet sich eine Persönlichkeit, die als Erzieher des späteren deutschen Kaisers Rudolf II. und als Kriegsheld gegen die Türken bereits reichlich Gelegenheit zur Bewährung hatte.
Sebastian Graf Freitag hatte als Erzieher des Erzherzogs Rudolf sehr gute Verbindungen zu den einflußreichsten Kreisen des Reiches. Unter Juan D'Austria, dem Halbbruder Philipp II. von Spanien und späteren Statthalter der Niederlande, kämpfte er gegen die Türken. Er war einer der Anführer in der Seeschlacht von Lepanto, in der die türkische Flotte 1571 besiegt wurde.
Im Jahr 1572 zog sich Sebastian Graf Freitag in das Stift Klosterbruck zurück, und noch im gleichen Jahr wurde ihm die Verantwortung für das Stift übertragen; ein Vorgang, der nur mit besonderer Genehmigung

Abb. 29:
Kupferstich
M. Rippl,
Das Stift Klosterbruck
um 1595

ANSICHT DER ABTEI KLOSTERBRUCK
zur Zeit des Abtes Sebastian I., 1585.

erfolgen konnte. Als Sebastian I. wurde er zum Abt gewählt und ging in die Annalen des Stiftes als Retter vor dem Untergang ein.

Energisch stellte Sebastian I. die Zucht und Ordnung im Stift wieder her. Er berief neue Chorherren aus Tepl nach Klosterbruck und holte Jesuiten nach Znaim, um gegen die Auflösungserscheinungen der Kirche in der Stadt anzukämpfen. Sein Vermögen stellte er dem Stift zur Verfügung, gründete ein Gymnasium und ein Seminar im Kloster und errichtete eine Bibliothek und eine Buchdruckerei.

Unter Abt Sebastian I. beginnt eine neue Umbauphase im Stift, die bis 1580 reicht. Prokop[18] beschreibt die Situation zu dieser Zeit wie folgt: „Das damalige Kloster hatte nach einer Abbildung aus dem Jahre 1585 die Form eines im Rechteck gebauten, teils ein-, teils zweistöckigen Kastells, war ringsum von einer starken Mauer umschlossen und durch fünf Türme weiter bewehrt, die Kirche selbst hatte keinen Turm."

Die Bedeutung des Wiederaufbaues von Klosterbruck in der Zeit Sebastians I. kommt deutlich in einem Holzschnitt und in einem Kupferstich zum Ausdruck, die in dieser Zeit entstanden sind und das wiederhergestellte Stift zeigen.

Der Kupferstich von M. Rippl (Abb. 29) zeigt den Blick auf Klosterbruck stromabwärts. Auf der rechten Seite des Bildes befindet sich offensichtlich das Schloß der Herzogin Judith.

Von Johann Willenberger, einem in der Druckerei des Stiftes von 1585–1608 tätigen Mitarbeiter, stammt der Holzschnitt (Abb. 30) aus der Zeit um 1600. Die Klosteranlage im Vordergrund des Bildes demonstriert die Bedeutung des Stiftes im Verhältnis zu der Gesamtsicht auf die Stadt Znaim.

An den Abt Sebastian I. erinnert auch eine Inschrift in der St. Niklaskirche in Znaim. Sebastian I. hatte sich um die Wiederherstellung dieser zu Klosterbruck gehörenden Kirche bemüht.

Daß die Bedeutung dieses Abtes für das Stift und für die Bewohner eines weiten Umkreises noch viele Jahre nach seinem Tod im Bewußtsein geblieben ist, zeigt eine Arbeit des aus Südmähren stammenden und in Augsburg erfolgreich tätigen Goldschmiedes Johann Zeckl. Eine besonders wertvolle Arbeit von ihm ist eine Monstranz, die in der Kirche St. Maria Victoria in Ingolstadt aufbewahrt wird. Diese Monstranz zeigt einen Ausschnitt aus der Seeschlacht von Lepanto gegen die Türken

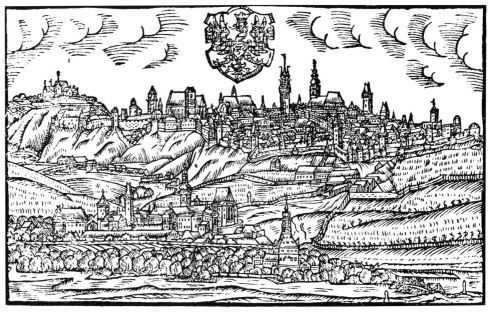

Abb. 30: Holzschnitt J. Willenberger,
Das Stift Klosterbruck um 1600

(Abb. 31). Es ist sicherlich nicht zu weit hergeholt, wenn mit dieser Darstellung auf den Sieger von Lepanto, den Abt Sebastian I. von Klosterbruck, verwiesen wird.

Nach dem Tod dieses bedeutenden Abtes wurde vom Convent Sebastian von Baden als Sebastian II. mit der Verantwortung für das Kloster betraut. Er bemühte sich, die Aktivitäten seines Vorgängers fortzuführen. Unter seiner Regierungszeit wurde vor allem die Druckerei des Stiftes (Abb. 32) besonders gefördert. Er selbst verfaßte Schriften, aus denen sich der Zeitgeist jener Tage deutlich ablesen läßt. Die Bedrohung des Abendlandes durch die Türken fand ihren Niederschlag in der Streitschrift: „Geistliche Kriegsrüstung wider den gemeinen Blutdurstigen Tyrannen und Erbfeind Christlichen Namens, der Türken".

Unter welchen Schwierigkeiten die Druckerei im Stift aufgebaut und erhalten werden mußte, ergibt sich aus einem Brief des Abtes aus dem

Abb. 32:
Titelblatt eines
im Jahre 1603 in
Klosterbruck gedruckten Buches

Abb. 31:
Monstranz von
Johann Zeckl,
Darstellung der
Seeschlacht
von Lepanto

Jahre 1590 an Johann Marx, Bürger und Buchdrucker in Dillingen, den er um die leihweise Überlassung von Matrizen für die Druckerei bat. Die Rückerstattung dieser Matrizen wird wie folgt angekündigt[19]:

„Wan wihr alßdan diese genutzet, Euch anverletzet hinwiederumb zurschicken werden, wollen wihr Eur mit einem ehrlichen Honorario auch in allen guetten eingedenk sein. Sollet uns auch sonsten gegen Euch und den Eurigen jederzeit freundlich und wohlgeneigt erfinden."

Vrbka[20] berichtet über Sebastian II.: „Er ragte durch Bildung und Gelehrsamkeit hervor und trat gegen die Ketzer, deren Lehre in Böhmen und Mähren mit erschreckender Schnelligkeit sich ausbreitete, sehr entschieden in Wort und Schrift auf."

Einundzwanzig Buchtitel wurden in Klosterbruck bis zum Jahre 1608 gedruckt. Die folgende Übersicht zeigt die Verfasser und die behandelten Themen.

Buchtitel aus der Klosterbrucker Druckerei:

Agendarium, 1595 (128 Blatt)
Sebastian von Baden: Geistliche Kriegsrüstung wider den gemeinen Blutdurstigen Tyrannen und Erbfeinde Christliches Namens, die Türken, 1595 (130 Blatt)
Wernerum Hartmannum: Borja Franciseo de Santo, 1595
Scherer Georg: Scala Jacob, die Himmelsleiter, 1595 (25 Blatt)
Scherer Georg: Eine treuherzige Vermahnung. Daß die Christen dem Türken nicht huldigen, sondern Ritterlich wider ihn streiten, 1595 (27 Blatt)
Sebastian von Baden: Bernhardus, Abbas Claravallensis, Sanctus 1596 (132 Blatt)
Carmina: 1596 (4 Blatt)
Sebastian von Baden: Ein Christliche Predigt zum Neuen Jahr 1596 (20 Blatt)
Breviarium Ord: Praemonstr., 1597 (596 Blatt)
Scherer Georg: Alle Schriften, 1599 (685 Blatt)
Scherer Georg: Predigten, 1600 (546 Blatt)
Snem: Leta 1600 v pondeli po nedeli devitnik v meste Znojme, 1600 (40 Blatt)

Zehenter (Decumanus) Johannes: Dialogi oder Gesprächs zwischen einem Bayrn und Saxen über die Catholische und Augspurgische Confession, 1602 (70 Blatt)

Fischer Christoph Andreas: Von der Wiedertäufer Verfluchten Ursprung, 1603 (155 Blatt)

Scherer Georg: Sonntägliche Evangelien, 1603 (688 Blatt)

Fischer Christian Andreas: Widerlegung einer Schrift der Wiedertäufer, 1604 (79 Blatt)

Quod Deus Vult, Rügungen der Ortschaften Kalndorf, Gurwitz, Rausenbruck, Olkowitz, Lodenitz, Oblas, Mühlfraun, 1604

Scherer Georg: Christliche Postill, 1605 (779 Blatt)

Kocher Sigismund: Praemonstratensis ordinis, 1608 (104 Blatt)

Questenburg von Kaspar: Vier Predigten von der Pestillenz, 1608 (108 Blatt)

Um 1600

Am Vorabend des großen Religionskrieges

Trotz der Erfolge des Abtes Sebastian I. und der Bemühungen seines Nachfolgers, Sebastian II. um die Erneuerung des Stiftes und trotz der Anstrengungen, auch in der Stadt Znaim gegen die protestantische Lehre anzukämpfen, mußten empfindliche Rückschläge hingenommen werden. Bei einer Prozession in der Stadt wurde Sebastian I. mit Steinen empfangen, die Monstranz von St. Niklas wurde geraubt und der zu St. Niklas berufene Prediger fiel von der katholischen Kirche ab. Bei einer Vorladung dieses Abtrünnigen in das Stift, zu der auch der Bischof von Olmütz erschienen war, wurde er von einer bewaffneten Schar begleitet und im Triumph wieder nach Znaim zurückgebracht.

Als sich der Bischof von Olmütz ein weiteres Mal in die religiösen Wirren der Stadt Znaim einschalten wollte, wurde vom Abt vor einem Kommen gewarnt, „wenn er nicht von den in den Häusern aufgehäuften Steinen empfangen werden wollte"[21].

Sebastian II. war diesen turbulenten Verhältnissen im Stift und in dem Einflußbereich des Klosters nicht gewachsen und legte 1599 sein Amt nieder.

Das sechzehnte Jahrhundert war aber nicht nur geprägt von den Auseinandersetzungen um das wahre Christentum. Soziale Probleme, die in der Ausübung der Feudalherrschaft ihren Ursprung hatten, kamen in den blutigen Aufständen der Bauern im Reich zum Ausdruck. Die politische Spaltung des Reiches in katholische und protestantische Fürstentümer sorgten zusätzlich für Verunsicherungen.

Auch im Bereich des Stiftes Klosterbruck führten die veränderten Gesellschaftsstrukturen zu Auseinandersetzungen zwischen dem Stift und den von diesem Stift abhängigen Dörfern.

Die klaren und überschaubaren Macht- und Rechtsverhältnisse aus der Zeit, in der die Besiedlung des Landes nach den Einfällen und kriegerischen Auseinandersetzungen im Vordergrund stand und der Rechtsschutz dieser Siedler die wichtigste Aufgabe darstellte, veränderten sich zugunsten mehr zentralistisch ausgerichteter Überlegungen.

Am Beispiel der bis zum Kaiser in mehreren Petitionen vorgetragenen Streitigkeiten des Dorfes Urbau mit dem Stift wegen der Erhaltung des in Urbau seit dem 13. Jahrhundert befindlichen Landgerichtes werden diese Veränderungen deutlich.

Urbau bei Znaim wird schon im Jahre 1222 in einer Urkunde genannt, in der Henricus Plebanus de Urbitz als Zeuge zugegen ist, als Bischof Robert von Olmütz den Kirchen Frischau und Pritlach Pfarrechte erteilt. In einer weiteren Urkunde des Jahres 1229 n. Chr. werden Besitzungen der Kreuzherren mit dem roten Stern von Pöltenberg (bei Znaim) in Urbau bestätigt.

Die Einrichtung eines Landgerichtes in Urbau, das für 23 Gemeinden in der Umgebung von Urbau dreimal im Jahr zusammentrat, ist eine außergewöhnliche Einrichtung, für die es in Mähren kein vergleichbares Beispiel gibt. Diese Gerichtshoheit des Dorfes Urbau – in einer Urkunde des Markgrafen Ottokar aus dem Jahre 1252 als „Wilchker" bezeichnet – bedeutet, wie Chlumetzky[22] ausführt, daß „Urbau ein Oberhof war, und daß nach Urbau in Kriminalsachen appelliert wurde. Es war ein Judicium Generale, Banteiding, ein ungebotenes Ding, in welchem Verbrechen, Vergehen und Beschwerden des Sprengels zu rügen waren." Im übertragenen Sinne demnach ein Berufungsgericht und ein Gericht zur Aburteilung schwerer Straftaten. Die besondere Bedeutung dieses Landgerichtes ist in der Tatsache zu sehen, daß es die Bauern von Urbau waren, die über diese Straftaten als Schöffen zu Gericht saßen.

Für die Urbauer Bewohner war das Landgericht als Zeichen einer besonderen Bedeutung des Ortes so wichtig, daß sie sich von Kaiser Ferdinand I. 1560 n. Chr. und von Kaiser Maximilian II. 1567 dieses Recht ausdrücklich bestätigen ließen. Doch schon zu dieser Zeit hatte das Landgericht für die umliegenden Ortschaften an Bedeutung verloren. Seit

1512 war das Stift Klosterbruck Grundherr in Urbau, und das Stift war daran interessiert, die Gerichtsbarkeit nach Klosterbruck zu verlegen. Ein Meilenstein auf diesem Weg war die Drucklegung der Rügungen für Urbau in Klosterbruck im Jahre 1604. Rügung bedeutet die „in den Gerichten durch Aussage und Urteil festgestellten Rechte und Rechtsgewohnheiten"[23]. Für Urbau soll, nach dem Wortlaut dieses Druckes, der Neudruck der alten Rügung „in allem gleichlauten". Tatsächlich wurden aber bereits beim Druck „Verbesserungen" durch den Abt des Stiftes eingebaut.

Ein erbitterter Kampf der Urbauer über viele Jahrzehnte, der in einem offenen Aufruhr gegen die Obrigkeit mündete, wurde von Seiten der Urbauer Bauern um eine neuerliche Bestätigung ihrer alten Rechte geführt. Ihr Anführer Lorenz Kopf wurde hingerichtet, die Bevollmächtigten Lorenz Gfühl, Mathes Neumeister und Johann Thallfuß landeten im Gefängnis am Spielberg in Brünn. Und erst 1724 n. Chr. beugten sich die Urbauer, nachdem ihnen die alten Urkunden abgenommen worden waren. Es zählte nicht mehr die aus dem germanischen Recht abgeleitete Rechtsordnung mit der Rechtsfindung durch Bauern als Schöffen. Das Landgericht in Urbau paßte nicht mehr in eine Zeit, in der die Leibeigenschaft an die Stelle des freien Bauerntums getreten war.

Auszug aus der Rügung von Urbau 1604[24]

(Gedruckt in der Druckerei des Stiftes Klosterbruck)

„Ist die alte geschriebene Rügung des Löblichen Aigens Vrbaw mit sonderen Fleiss übersehen, und von Newen (doch dem Alten in allem gleichlauttende) in Drukh verfertigt worden, der ganzen Ehrbaren Gemein daselbsten, jetzigen undt Nachkommenden zur Besserer Nachrichtung."

„1. Das rügt die Gemein von Vrbaw, dass die Viehtrieb, die da ausgehet von Vrbaw, dem Löblichen Aigen, bey dem Pfingstbühel wider eingehet, wer auss von derselbigen Viehtrieb treiben wolt, soll der Herr vom Schloss Einwendter seyn."

„2. Mehr rügt die Gemein von Vrbaw, von wegen der vier Stückh, was antreffen ist: Mordt, Brandt, Erbberauben, Dieberei. Wer darin begrieffen wirdt, der ist dem Herrn vom Schloß verfallen, als Viel die Weisen im Rath erkennen."

„3. Das rügt die Gemein von Vrbaw, von wegen ihrer gemerkh, wo irgendt Einer wäre, der da wollt übertreiben, es wär mit Wägen, Pflueg, mit Hawent oder mit Schauffeln, derselbig soll verwandelt werden nach allen billichen Rechten als Viel die Weisen können erkennen im Rath, undt umb solche Fäll hat der Herr vom Schloß zu verwandlen, darauff der Landrichter achtung haben soll."

Insgesamt enthält die Rügung 70 Punkte. Der letzte Punkt zeigt die Bedeutung dieser Rügung für Urbau.

„70. Item, mehr rügt die Gemein von Vrbaw, wer sie von Ihren Sprüchen und Rechten wolt treiben, dasselbige soll wenden der Herr vom Schloss und Einer Ehrsamben Gemein ein fürstandt thun, neben unserer gnadigen grundt-Obrigkeit. Dass zu besser sicherheit, ist unss geben worden Ein bestätigung von unserm Allergnädigsten Herrn, dem König, dass Sein Königliche Mayestätt unss Selber in dem will für seyn."

1618 Der dreißigjährige Krieg

Zu Beginn des großen Krieges um Religion und Macht in Deutschland war Hieronymus Schall von Schallenheim Abt des Stiftes. Er mußte unter den Verhältnissen dieser rechtlosen Zeit besonders leiden. 1620 wurde der Abt von den protestantischen Ständen gefangengenommen und in den Kerker geworfen. Die Chorherren wurden aus dem Stift getrieben. Um den Klosterschatz zu retten, wurde dieser dem Rathaus in Znaim übergeben.

Erst durch den Sieg der kaiserlichen Truppen am Weißen Berg im November 1620 veränderte sich die Situation zu Gunsten des Stiftes grundlegend. Dem Kloster wurden die enteigneten Güter zurückgegeben und Znaim mußte an das Kloster Entschädigungen zahlen.

Der Schrecken des Krieges war damit allerdings noch nicht beendet. Obwohl sich in den ersten Jahren die Kriegshandlungen vorwiegend im östlichen Teil Südmährens zutrugen, trieben immer wieder plündernde und raubende Verbände bis in die Gegend von Znaim ihr Unwesen.

Wesentlich nachhaltiger waren die Heimsuchungen für das Kloster in den letzten Jahren dieses unseligen Krieges. Schon mit der zweiten Beauftragung Wallensteins im Jahre 1631 war Znaim und seine Umgebung direkt betroffen. In Znaim wurden die Verhandlungen zwischen den Abgesandten des Kaisers und Wallenstein (Abb. 33) geführt. Bei Znaim wird nach Abschluß dieser Verhandlungen ein großes Heer aufgestellt, mit dem Wallenstein im Jahre 1632 in Eilmärschen nach Mittelfranken aufbricht. Wallenstein sammelt das Heer auf dem Kuhberg gegenüber der Stadt Znaim und in direkter Nachbarschaft zum Stift Klosterbruck.

Schiller läßt Feldmarschall Illo zu den Gesandten des Kaisers später sagen (Schiller: Wallenstein-Trilogie):

*Abb. 33:
Wallenstein,
Gemälde van Dyck,
1630, Staatsgemälde-
sammlung München*

Zu Znaym war, in Mähren, wo Sie sich von Kaisers Wegen eingestellt, den Herzog um Übernahme des Regiments zu flehen."

Erst nach der Ermordung Wallensteins gelang es den Schweden, den Krieg auch in die Habsburgischen Erblande vorzutragen.

Im März 1645 rückten die Schweden vor die Stadt Znaim. Besonders schwer wird das Stift betroffen. Der Feldmarschall der Schweden, Torstenson, quartierte sich in Klosterbruck ein und empfing dort die Delegation aus Znaim, die mit dem Feldmarschall über die Übergabe der Stadt verhandeln wollte. Die Schweden ließen sich jedoch auf keine langen Verhandlungen ein und verlangten die sofortige Öffnung der Stadttore sowie die Aufnahme eines Truppenkontingentes in der Stadt.

Der Bürgermeister der Stadt und der Stadtkommandant wurden gefangengenommen und Znaim mußte den Schweden hohe Abgaben leisten. Das Stift Klosterbruck aber und die umliegenden Ortschaften wurden gründlich geplündert.

Erst im folgenden Jahr, 1646 n. Chr., gelang es dem Kaiserlichen Heer, Südmähren von der schwedischen Besatzung zu befreien und den Schrecken dieses Krieges für Südmähren zu beenden.

Umbau des Klosters und Schrecken der Pest

1680

Unter Abt Gregor Klein wurde im Jahre 1680 mit dem Umbau der Kirche begonnen. Acht Jahre wurde an der Wiederherstellung der Kirche und an dem Neubau der Prälatur gearbeitet. Das Portal und eine Marmortreppe wurden errichtet.

Diese Arbeiten waren mit einem hohen Kostenaufwand verbunden. Daraus läßt sich schließen, daß die Wunden des dreißigjährigen Krieges im Kloster selbst weitgehend vernarbt waren und ein neuer Wohlstand bei den Chorherren eingekehrt war. Dies ist um so erstaunlicher, da in dem Umkreis des Stiftes noch ganz andere Verhältnisse herrschten.

Ein Kupferstich von Fr. B. Werner aus dieser Zeit vermittelt einen sehr wohlhabenden Eindruck des Stiftes (Abb. 34). Allerdings muß berücksichtigt werden, daß dieser Stich mit sehr viel Phantasie erstellt wurde und einige Abstriche gegenüber der Wirklichkeit des Klosters um diese Zeit vorgenommen werden müssen.

In unmittelbarer Nähe des Stiftes waren die Begleiterscheinungen des großen Krieges nach vielen Jahren auch auf dem Lande noch deutlich zu spüren. In den Orten Altschallersdorf und Edelspitz, direkte Nachbarn des Stiftes, wütete um diese Zeit der schwarze Tod, die Pest. Viele Opfer forderte die Seuche. Es wird berichtet, daß in dem Hohlweg zwischen den beiden Gemeinden noch zweihundert Jahre später menschliche Knochenreste aus jener Zeit geborgen wurden. Wahrscheinlich konnte man, wegen der Vielzahl der Todesfälle, die Opfer nur sehr mangelhaft bestatten.

Die Pestseuche hat im Gefolge des dreißigjährigen Krieges in dem vom Klosterbrucker Stift betreuten Gebiet die Städte und Dörfer erheblich dezimiert. Schon vor 1680 wütete diese Seuche in den Jahren 1642–1649 und trat später auch noch bis 1715 immer wieder auf. Die Heimsuchungen durch den Krieg und durch die Pest waren der Grund, daß die Bevölkerungszahl in diesem Jahrhundert stagnierte.

Abb. 34: *Kupferstich Fr. B. Werner, Das Stift Klosterbruck um 1730*

Wie verheerend sich die Seuche auf die Bevölkerungsentwicklung ausgewirkt hat, geht aus einem Dokument hervor, das bei der Erneuerung des Znaimer Rathausturmes im Jahre 1947 zum Vorschein kam und aus dem hervorgeht, daß im Jahre 1646 eine schwere Pestseuche 6000 Bewohner der Stadt dahingerafft hat. Znaim ist durch diesen Aderlaß beinahe verödet.

Die Preußen in Klosterbruck 1742

Der Krieg um Schlesien und um die Vorherrschaft im Reich und in Europa zwischen dem jungen preußischen Staat und Österreich brachte wieder Not und Elend, Einquartierungen und Requirierungen nach ganz Südmähren, und vor allem in das Stift Klosterbruck.
Friedrich II. von Preußen (Abb. 36) besetzte schon kurz nach seinem Regierungsantritt unter dem Vorwand alter Erbansprüche das reiche Schlesien, um ein norddeutsches Gegengewicht gegenüber dem mächtigen Habsburgerreich zu schaffen. Die schlesischen Kriege wurden für Maria Theresia, die im gleichen Jahr wie Friedrich der Große die Regierungsgeschäfte übernommen hatte, eine schwere Belastung. Schon im ersten schlesischen Krieg 1740–1742 war Friedrich zur Verteidigung des von ihm besetzten Schlesiens in Mähren eingefallen. Das österreichische Heer war auf diesen Waffengang schlecht vorbereitet. Maria Theresia benötigte zur Führung des Krieges Geld.

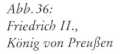

Abb. 35:
„Maria Theresia, deutsche Kaiserin, Königin von Ungarn und Böhmen, Erzherzogin von Österreich (1740–1780)

Abb. 36:
Friedrich II.,
König von Preußen

Bei einem Aufenthalt Maria Theresias (Abb. 35) in Klosterbruck verstand es der Abt Nolbek, der seit 1729 die Geschicke des Klosters leitete, Maria Theresia einen größeren Geldbetrag (Vrbka[25] spricht von mehreren tausend Dukaten) zu überreichen. Dafür wurde dem Stift die Kriegssteuer erlassen.

Am 16. Februar 1742 rückten preußische Husaren im Stift ein. Sie forderten die Auslieferung des Abtes Nolbek, um ihn dem preußischen König entgegenzuführen. König Friedrich II. nahm in Znaim Quartier. Auch der Abt wurde nach Znaim gebracht und interniert.

Das Kloster aber mußte nicht nur zur Versorgung der Königstafel wesentlich beitragen. Dem Abt wurde an der Königstafel mitgeteilt, daß das Stift den ungemein hohen Betrag von 75 000 fl als Kriegskontribution zu leisten hätte. Der Abt konnte jedoch nur 60 000 fl aufbringen und mußte daher den Subprior und einen Chorherren als Bürgen dem König bis zur Tilgung der restlichen Schuld zur Verfügung stellen.

König Friedrich besuchte wiederholt Klosterbruck und überzeugte sich selbst von der Beschaffenheit der Glocken. Er wollte prüfen, ob der ihm zugegangene Bericht zutrifft, wonach diese Glocken aus Silber gegossen seien.

Das Stift wurde mit Kranken belegt. Die Kasse war leer und die Vorräte geplündert. Täglich wurden in dem Stift während des dritten schlesischen Krieges, dem siebenjährigen Krieg um Schlesien, über 900 Personen verpflegt.

Der letzte Umbau des Stiftes **1748**

In den Jahren 1748–1784 wird das letzte Mal in der von den Prämonstratenser Chorherren geschriebenen Geschichte des Stiftes ein Umbau vorgenommen. Die Grundlage dieser neuen Bauphase wurde von dem Abt Hermengild Mayr gelegt und nach dessen Tod von Abt Lambek fortgeführt.
Abbildung 37 zeigt den Abt Hermengild Mayr. Das Gemälde hängt in dem Prämonstratenser Chorherrenstift Geras. Auf dem im Vordergrund des Bildes befindlichen Tischchen liegen die Pläne für den Umbau von Klosterbruck.
Die Großzügigkeit des Planes zu dieser Umgestaltung ergibt sich aus dem im Znaimer Museum befindlichen Entwurf für diesen Umbau von Lukas von Hildebrandt für die Hauptfassade (Abb. 38). Lukas von Hildebrandt ist der Schöpfer verschiedener Prachtbauten des Barock im Donauraum. So entstanden nach seinen Plänen das Schloß Belvedere in Wien, das Schloß Mirabell in Salzburg und Teile des Göttweiger Stiftes.
Mit einbezogen wurden in den Umbau von Klosterbruck auch die Kirche, die mit einem wuchtigen Kuppelbau ausgestattet werden sollte. Geplant war ein geschlossener Viereckbau mit einer Parkanlage im Inneren des Stiftes. In diese Parkanlage sollte nur das Kirchenschiff selbst hineinragen. Die Ecken dieses geschlossenen Vierecks sollten von Türmen überragt werden.
Wäre der Bau fertiggestellt worden, dann hätte dieses Stift einen Eindruck auf den Besucher hinterlassen, der einen Vergleich mit den bedeutenden barocken Stiften und Klöstern des süddeutschen Raumes nicht hätte scheuen müssen. Ausgeführt wurde die Ostfassade und nur Teile der Nord- und Südfassade. Die ausgeführten Teile des Gesamtplanes vermitteln bereits einen Eindruck von der Großzügigkeit der gestellten Aufgabe.
Abbildung 39 stellt den Grundriß für den Gesamtausbau von Klosterbruck dar. In diesem Plan sind auch Umbauten eingezeichnet, die erst nach der Aufhebung des Klosters durchgeführt wurden. Der mit IV

Abb. 37:
Gemälde des Abtes
Hermengild Mayr

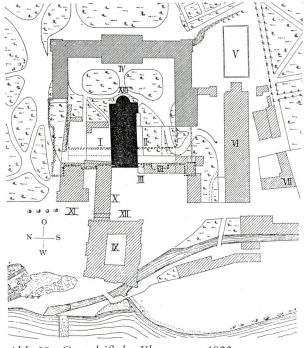

Abb. 39: Grundriß des Klosters um 1900

Abb. 38:
Hauptfassade des
Stiftes Klosterbruck,
Entwurf
von Lukas
von Hildebrandt

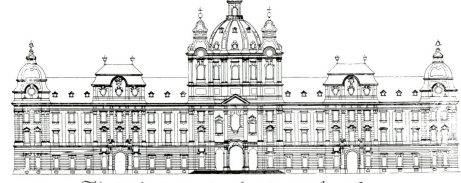

angegebene und eng schraffierte Bauteil stellt den Ausbau des Stiftes dar, der unter Abt Hermengild Mayr begonnen wurde. In Fortsetzung der Baulinien an dem Süd- und Nordflügel ist die geplante Fortsetzung des Ausbaues angedeutet. Erst nach Fertigstellung der so angedeuteten Bauteile wäre der gewünschte Viereckbau entstanden.

Die durch die militärische Verwendung des Klosters nach dem Jahre 1784 entstandenen Gebäude (IX, X, XI, XII) hätten so nicht gebaut werden können, wenn der Plan seinerzeit zur Verwirklichung gekommen wäre. Es wären dann aber auch noch mindestens Teile des Schlosses von Judith von Schweinfurt erhalten geblieben.

Nicht nur die architektonische Gestaltung des Stiftes in diesem Bauabschnitt war überaus großzügig. Bedeutende Künstler haben an dem Innenausbau des Stiftes mitgewirkt und einen entsprechenden Beitrag zur Gestaltung der Klosteranlage geleistet. Fresken an den Mittelrisaliten wurden von Mühldorfer und Bergel geschaffen, der Bibliothekssaal erhielt reich geschnitzte und vergoldete Bücherschränke, und der Speisesaal des Stiftes wurde von dem bereits erwähnten Johann Bergel durch Fresken verziert. Von Lorenzo Mathielle stammte eine große Zahl von Skulpturen im Garten des Prälaten.

Die heute noch vorhandene Innenausstattung der Kirche aus der Barockzeit zeigt das Ausmaß des geplanten Ausbaues dieses Stiftes. Das Chorgestühl (Abb. 40) und ein barockes Gitter, das einen Altarraum abschließt, sind dafür sprechende Beispiele.

Die Abbildungen 41 und 42 ermöglichen die Beurteilung der Gestaltung der Fassaden des Klosters sowohl des Innenhofes als auch der Südostseite der Außenfassade.

Abb. 40:
Chorgestühl in
der Kirche von
Klosterbruck

Abb. 41:
Stift Klosterbruck,
Ansicht auf die Fassade des Innenhofes

Abb. 42:
Stift Klosterbruck,
Süd-Ost-Ansicht auf die Außenfassade

1760 Obitorium Canoniae Gerusenae

Nur etwa 30 km Luftlinie von Klosterbruck entfernt, nahe der mährischen Grenze, liegt das Prämonstratenser Chorherrenstift Geras in Niederösterreich. Über Jahrhunderte hinweg gab es stets eine enge Verbindung zwischen diesen beiden Chorherrenstiften, die beide zu der „böhmischen Zirkarie", zu der gleichen Ordensprovinz, gehörten.
Diese enge Verbindung ergibt sich schon aus einer Urkunde vom 24. Juli 1226. In einem Rechtsstreit zwischen dem Abt von Klosterbruck und dem Priester Adam von Znaim über die Betreuung der Gläubigen in der Stadt Znaim wurden die Äbte von Geras und Altenburg und der Pfarrer von Hardegg vom apostolischen Stuhl als Richter eingesetzt.

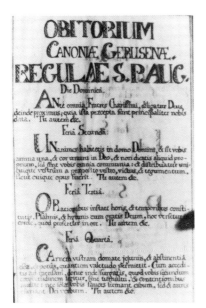

*Abb. 43:
Obitorium Canoniae Gerusenae
Totenbuch des Stiftes Geras*

*Abb. 45:
Prokop Diwisch,
Veröffentlichung aus
dem Jahr 1765*

In dem Stift Geras befindet sich das „obitorium canoniae gerusenae" [26], ein Totenbuch (Abb. 43), in dem eine Vielzahl von Sterbedaten Klosterbrucker Chorherren aufgezeichnet sind. Einer Veröffentlichung dieses Totenbuches verdanken wir die Kenntnis vieler Namen von Klosterbrukker Chorherren, deren Sterbedaten weit in das 17. Jahrhundert zurückreichen. Die Eintragungen in dieser Zeit lassen den Rückschluß zu, daß das Stift Klosterbruck in dieser Zeit etwa 80 bis 90 Chorherren beherbergt hat, und sie zeigen anhand der Familiennamen, daß es sich bei den Chorherren in Klosterbruck vorwiegend um Deutsche gehandelt hat.

Aus dem Totenbuch von Geras wurden alle Chorherren von Klosterbruck erfaßt, die in dem Jahrzehnt von 1760 bis 1769 eingetragen sind. Auf der folgenden Seite sind diese Chorherren mit Vor- und Familienname aus diesem Jahrzehnt aufgeführt. In dieses Jahrzehnt fallen die Todestage von zwei bedeutenden Chorherren. Es sind dies der Gelehrte Prokop Diwisch und der Abt Hermengild Mayr, der die letzte Bauphase des Stiftes so energisch in Angriff genommen hatte.

Prokop Diwisch trat 1720 in das Stift Klosterbruck ein. Der von ihm entwickelte Blitzableiter (Abb. 44) steht heute noch im Hof des Znaimer

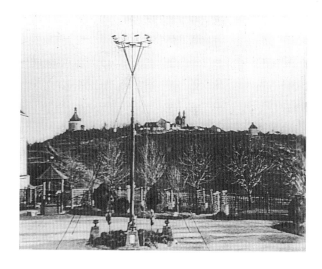

Abb. 44:
Prokop Diwisch,
Blitzableiter im Hof
der Znaimer Burg

Schlosses. Diwisch wollte die Elektrizität der Luft dadurch ableiten, daß er sein Gerät mit sehr viel feinen Spitzen versah. Seine Erfindung (1752) lag vor der Erfindung des Blitzableiters durch Benjamin Franklin. Seine Konstruktion wurde jedoch weder von der Wissenschaft noch von den Bauern seiner Gemeinde ernst genommen. Im Gegenteil, die Bauern zerstörten seine Konstruktion.

In einer wissenschaftlichen Arbeit über die „Theorie von der meteorologischen Electricite" (Abb. 45), die im Jahre 1765 in Tübingen erschien, versuchte er, sich Anerkennung für seine Arbeiten zu verschaffen.

Die folgende Aufstellung zeigt die Klosterbrucker Chorherren, deren Sterbedatum in dem Geraser Totenbuch[27] von 1760 bis 1769 verzeichnet sind:

Aigner	Martin	Hubaczek	Engelbert
Born	Franz	Janko	Sebastian
Brauner	Evermodus	Jeklin	Phillip
Christen	Sigismund	Josephus	Thaddeus
Czaika	Eustachius	Kochler	Dominik
Diwisch	Prokop	Korber	Rochus
Döbl	Jakob	Kudin	Johann
Faign	Raphael	von Kunitz	Karl
Fray	Florian	Liber	Georg
Gözel	Cyrill	Lichtenecker	Valentin
Gruber	Stefan	Marklovski	Anton
Halter	Markus	Mayr	Hermengild
Haselbach	Caelestin	Michsner	Patritius
Holtzinger	Balthasar	Müller	Friedrich
Horwatz	Adam	Ordelt	Vinzenz
Peck	Melchior	Peran	Samuel
Piringer	Hroznata	Smrczek	Florian
Trigler	Matthias	Troschel	Bernhard
Wallner	Gottfried	Zillich	Norbert

Die Aufhebung des Stiftes Klosterbruck

1784

Joseph, der älteste Sohn Maria Theresias und Kaiser Franz I., folgte dem Vater 1765 in der Kaiserwürde als Joseph II. und wurde von seiner Mutter zugleich als Mitregent in den österreichischen Erblanden eingesetzt.
Von Joseph II. persönlich gingen entscheidende Impulse zu Veränderungen der vorhandenen Strukturen in Politik, Verwaltung, Wirtschaft, Recht und Kirchenpolitik im Habsburgerreich aus.
Die Befreiung der Bauern aus der Leibeigenschaft, die Gleichstellung von Bürgern und Adeligen vor dem Gesetz, der Umbau der Verwaltung, die Abschaffung gewisser Vorrechte des Adels, die Hinwendung zu einem freien Handel sind Reformansätze, die weit in die Zukunft hinein gewirkt haben.
Unter dem „Josefinismus" versteht man vor allem das Bemühen des Kaisers um die Einbindung der katholischen Kirche in den Staat. Er nahm deshalb „die Kirche in die Pflicht, um jene staatsbürgerliche Eintracht zu erreichen, göttliche und weltliche Vernunft zu verknüpfen, jene Einheit von innen und außen zu bewirken, die im Staat sich manifestiere"[28]. Im Zuge dieses Reformwerkes wurden in den österreichischen Erblanden durch Joseph II. in der Zeit von 1780 bis 1790 über siebenhundert Klöster aufgelöst, die nicht unmittelbar sozialen oder seelsorgerischen Zwecken dienten. Das Vermögen dieser aufgelösten Klöster wurde dem Religionsfond zugeführt, der 1782 gegründet worden war.
Das Stift Klosterbruck mußte 1784 aufgrund dieses Kaisererlasses aufgelöst werden. Dem Staat wurde bei der Auflösung Bargeld in Höhe von 349 451 Gulden[29] gegen Staatspapiere übergeben. Die wertvolle Ausstattung der Bibliothek wurde in das Kloster Strahov gebracht, das Bild Hermengild Mayrs ist heute noch im Stift Geras zu sehen. Eine große Zahl von Handschriften und Büchern wurden an andere Bibliotheken übergeben. Am 14. November 1790 begann die Versteigerung der restlichen in Klosterbruck vorhandenen Bücherbestände (Versteigerungskatalog Abb. 46).

CATALOGUS
LIBRORUM M.§.#2
QUI
IN BIBLIOTHECA ABOLITI MONASTERII
LUCÆ AD ZNOYMAM
MORAVORUM
Publicæ Auctioni exponentur die 4ta & sequentibus diebus. Mensis Novemb. anni 1790.
Horis ante & post meridiem consuetis.

Verzeichniß
der
Bücher
welche auf der Bibliothek des aufgehobenen Klosters zu Klosterbruck bei Znaim in Mähren, den 4ten und die nachfolgenden Tage des Monats Novemb. 1790. In den gewöhnlichen Stunden früh und Nachmittag, öffentlich an die Meistbietenden zu verkaufen bestimmt sind.

BRUNÆ,
Litteris Sidlerianis.

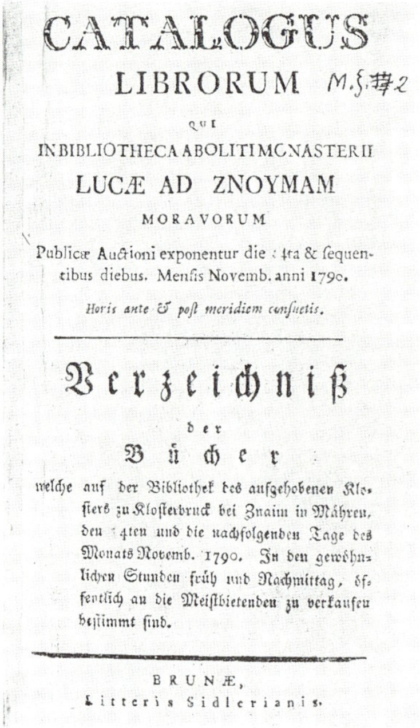

Abb. 46:
Stift Klosterbruck,
Katalog zur Versteigerung
des Bücherbestandes

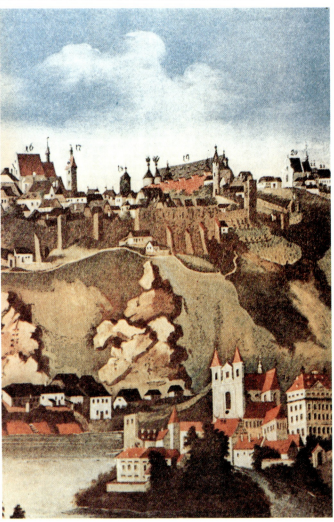

Abb. 47:
J. Ceregetti,
Blick auf Klosterbruck
und Znaim, Gemälde

Das um 1790 von Ceregetti geschaffene Gemälde der Stadt Znaim – Abb. 47 zeigt einen Ausschnitt dieses Bildes – vermittelt noch einmal einen Eindruck der mächtigen Klosteranlage an der Thaya, bevor die Umbauten für die späteren Verwendungszwecke dieser Anlage das Gesamtbild verändert haben. Deutlich sind im Vordergrund noch Teile des Schlosses zu erkennen, in dem Judith von Schweinfurt Zuflucht gefunden hatte.

Mit der Auflösung des Chorherrenstiftes, das über Jahrhunderte einen geistigen und geistlichen Mittelpunkt für ein großes Einzugsgebiet gebildet hatte, endet die Sorge um eine überaus wertvolle Bausubstanz.

Es endet aber auch ein – für ein weites Einflußgebiet um Klosterbruck – bedeutender Wirtschaftsfaktor. Denkt man zurück an den ersten romanischen Bau des Stiftes, zu dem Fachkräfte aus dem Reich herbeigerufen werden mußten, da diese nicht am Ort vorhanden waren, denkt man an die vielen Um- und Neubauten nach den Zerstörungen durch Kriege, Plünderungen und Brandschatzungen, dann wird deutlich, wieviel Menschen hier Brot und Arbeit gefunden haben. Für viele Menschen war dies aber sicherlich auch der Grund, hier zu siedeln.

Die Bautätigkeit im Auftrag des Stiftes erstreckte sich aber auch über das ganze Einflußgebiet des Klosters. Kirchen und Kapellen in vielen Gemeinden und bedeutende Bauwerke, wie die Wallfahrtskirche in Lechwitz, das als Sommerresidenz der Brucker Äbte im Jahre 1740 errichtete Schloß in Lechwitz, die reich ausgestattete Kirche in Mühlfraun und das in den Jahren 1768/1775 erbaute Schloß in Mühlfraun, das den Chorherren als Spital und Sommerresidenz diente, sind Beispiele für die Aktivitäten, welche von dem Stift ausgegangen sind und zur wirtschaftlichen Entfaltung des Gebietes beigetragen haben.

Nicht nur Bauhandwerker haben in Klosterbruck Beschäftigung gefunden. Die vielfältigen Leistungen von Kunsthandwerkern und von Künstlern aus den verschiedenen Bereichen haben zur Erhaltung und zur Verschönerung des Stiftes beigetragen. Ein herausragendes Beispiel dafür ist die Gestaltung der erst in den letzten Jahren vor der Auflassung des Klosters fertiggestellten Stiftsbibliothek.

Hier entstand eine vollkommene Symbiose zwischen der Inneneinrichtung dieses Saales mit den wunderschön geschnitzten Bücherregalen und dem Deckenfresko. In zehnjähriger Arbeit entstand durch den Kunst-

Abb. 48:
Bibliothekssaal im Kloster Strahov, Ausstattung aus dem Stift Klosterbruck, Gemälde von Fr. A. Maulpertsch entspricht dem Gemälde im Bibliothekssaal von Klosterbruck

tischler Johann Lahofer aus Klein-Teßwitz die Bibliothekseinrichtung, während das Deckenfresko von dem bedeutenden Barockmaler Franz Anton Maulpertsch geschaffen wurde. Dieses Fresko stellt die Geschichte der Wissenschaften dar. Maulpertsch selbst hatte dieses Deckengemälde in einer eigenen Schrift (Znaim 1778) erläutert [30].
Durch die Aufhebung des Stiftes und durch die spätere Verwendung der Räume ist das Deckenfresko verloren gegangen. Im Kloster Strahov hat Maulpertsch das gleiche Fesko (mit nur geringfügigen Abweichungen) noch einmal erstellt. Da bei der Auflösung von Klosterbruck die Einrichtung des Bibliothekssaales nach Strahov kam und unverändert eingebaut wurde, ist auch heute noch der großartige Eindruck des Klosterbrucker Bibliothekssaales mit der wertvollen Einrichtung und dem Gemälde von Maulpertsch vollkommen erhalten. Das Kloster Strahov legte auf den unveränderten Einbau der Klosterbrucker Einrichtung sehr großen Wert. So wurden auch die Türen unverändert übernommen, obwohl sich heute hinter der einen Tür lediglich eine Wand befindet.
Abbildung 48 auf Seite 76 zeigt den heutigen Bibliothekssaal des Klosters Strahov und vermittelt den Eindruck von der großzügigen Ausstattung des Stiftes Klosterbruck.
Nicht nachweisbar ist die Überlieferung[31], wonach Chorherren aus Klosterbruck einen entscheidenden Einfluß auf die landwirtschaftliche Entwicklung des Gebietes ausgeübt haben sollen. Es wird behauptet, daß die „Znaimer Gurke" – ein wichtiger Exportartikel für die südmährische Landwirtschaft und ein bedeutender Beitrag für die Schaffung einer einheimischen Konservenindustrie – von Klosterbrucker Chorherren aus dem ungarischen Raum in die von Klosterbruck abhängigen Gemeinden gebracht wurde.
Mit der Aufhebung des Stiftes begann eine Entwicklung, die das Erscheinungsbild des Stiftes sehr nachteilig verändert hat. Unterschiedliche Nutzungen, wie die Verwendung des Klosters als Tabakfabrik, als Militärakademie und Kaserne in der österreichischen Monarchie und in der späteren Tschechoslowakei haben diesem Erscheinungsbild genauso geschadet, wie die kriegerischen Handlungen, die vor allem im Jahre 1809 in der Schlacht bei Znaim zwischen Napoleon und den österreichischen Truppen das Klostergebäude in Mitleidenschaft gezogen haben. Die österreichischen Truppen am Nordufer der Thaya in und um Znaim

Abb. 49: V. Schufinsky, farbiger Linolschnitt von Klosterbruck

Abb. 50: Blick auf Klosterbruck vom jenseitigen Thayaufer (1940)

versuchten den Franzosen den Thayaübergang unmöglich zu machen. Das am Thayaufer gelegene Klostergebäude war ein willkommener Schutz vor den angreifenden Franzosen.

Auch heute dient das Klostergebäude als Kaserne. Die vielen Umbauten, die nach der Aufhebung des Stiftes für die bessere Unterbringung des Militärs errichtet wurden, haben das Aussehen wesentlich verändert. Von dem Schloß, das einst Judith von Schweinfurt beherbergt hatte, ist nichts mehr zu erkennen. Die Kirche, welche nach den Plänen Lukas von Hildebrandts einen imposanten Abschluß der Klosteranlage bilden sollte, wartet auf eine Restaurierung wie auch die übrigen Gebäude der einst mächtigen Stiftsanlage.

Die Bedeutung, die der Abt Hermengild Mayr mit Hilfe des Barockbaumeisters Lukas von Hildebrandt dieser Klosteranlage geben wollte, wird auch nach einer Restaurierung des vorhandenen Baubestandes nie mehr erreicht werden. Die Erinnerung an die achthundertjährige Geschichte eines für den südmährischen Raum so bedeutungsvollen Stiftes gibt Aufschluß über die Siedlungsgeschichte und die bewegte Vergangenheit des Grenzraumes zwischen Mähren und Niederösterreich.

Der Blick vom jenseitigen Thayaufer auf das Klostergebäude zur Zeit der Monarchie (Abb. 49) – gezeichnet von V. Schufinsky um das Jahr 1910 – und aus der Zeit um 1940 (Abb. 50) gibt Aufschluß über die bauliche Ausdehnung des Chorherrenstiftes. Die Abbildungen lassen ahnen, welche Wirkung dieses Stift am Thayaufer nach Vollendung der Baupläne des achtzehnten Jahrhunderts gehabt hätte.

Anmerkungen

1) Diese Aussage stammt von dem böhmischen Chronisten Cosmas (gestorben 1125)
2) Kreuzer: Geschichte Südmährens. Geislingen 1975 Seite 19
3) Hübner: Znaims geschichtliche Denkwürdigkeiten, Znaim 1843, S. 133
4) Nach einer Übersetzung der Stiftungsurkunde von Prof. Dr. Hans Reutter (31.1.1943), wiedergegeben bei Franz Zeiner: Aus der Geschichte des Klosters Bruck, Südmährisches Jahrbuch 1990, Seite 44
5) Pfiffig A. Josef: „Pater Abbas" – „Vaterabt" in Geraser Hefte 16/1987 Seite 14: Pfiffig schildert die Funktion des Abtes, der einen Gründungskonvent abgibt und die Stellung des abgebenden Abtes als „Vaterabt" für die Neugründung
6) Zeiner Franz: Aus der Geschichte des Klosters Bruck, Südmährisches Jahrbuch 1990
7) Prokop, August: Die Markgrafschaft Mähren in kunstgeschichtlicher Beziehung, Brünn 1904, Seite 150
8) Vrbka Anton: Gedenkbuch der Stadt Znaim, Znaim 1927, Seite 13
9) Vrbka Anton: Klosterbruck und seine Schicksale im Laufe der Jahrhunderte, Znaim 1898
10) Chlumetzky P. Ritter von: Einige Dorf-Weisthümer, Archiv für Kunde österreichischer Geschichts-Quellen, Wien 1857
11) Chlumetzky P. Ritter von: Einige Dorf-Weisthümer, Archiv für Kunde österreichischer Geschichts-Quellen, Wien 1857, Seite 7
12) Harrsen Meta: cursus sanctae mariae, a thirtheenth-century manuscript, New York 1937, Seite 7
13) Harrsen Meta: cursus sanctae mariae, a thirtheenth-century manuscript, New York 1937
14) Vrbka Anton: Gedenkbuch der Stadt Znaim, Znaim 1927, Seite 8
15) Vrbka Anton: Klosterbruck und seine Schicksale im Laufe der Jahrhunderte, Znaim 1898

16) Prokop August: Die Markgrafschaft Mähren in kunstgeschichtlicher Beziehung, Brünn 1904, Seite 646
17) Vrbka Anton: Klosterbruck und seine Schicksale im Laufe der Jahrhunderte, Znaim 1898, Seite 29
18) Prokop August: Die Markgrafschaft Mähren in kunstgeschichtlicher Beziehung, Brünn 1904, Seite 1091
19) Jubiläumsausgabe des „Znaimer Wochenblattes", Znaim 1923
20) Vrbka Anton: Klosterbruck und seine Schicksale im Laufe der Jahrhunderte, Znaim 1898, Seite 34
21) Vrbka Anton: Klosterbruck und seine Schicksale im Laufe der Jahrhunderte, Znaim 1898, Seite 34
22) Chlumetzky P. Ritter von: Einige Dorf-Weisthümer, Archiv für Kunde österreichischer Geschichts-Quellen, Wien 1857, Seite 37
23) Lexers Mathias: Mittelhochdeutsches Taschenwörterbuch, Stuttgart 1961
24) Chlumetzky P. Ritter von: Einige Dorf-Weisthümer, Archiv für Kunde österreichischer Geschichts-Quellen, Wien 1857, Seite 54
25) Vrbka Anton: Klosterbruck und seine Schicksale im Laufe der Jahrhunderte, Znaim 1898, Seite 44
26) Pfiffig A. Josef: Obitorium canoniae gerusenae, Wien 1980
27) Pfiffig A. Josef: Obitorium canoniae gerusenae, Wien 1980
28) Straub Eberhard: Von Beruf Kaiser und Menschenfreund, Frankfurter Allgemeine Zeitung vom 17. 2. 1990
29) Vrbka Anton: Klosterbruck und seine Schicksale im Laufe der Jahrhunderte, Znaim 1898, Seite 44
30) Vrbka Anton: Klosterbruck und seine Schicksale im Laufe der Jahrhunderte, Znaim 1898, Seite 48
31) Vrbka Anton: Gedenkbuch der Stadt Znaim, Znaim 1927, Seite 541

Personen- und Sachregister

Agnes, Tochter König Ottokars I. von Böhmen (1211–1282) 18
Albrecht, I., Deutscher König (1298–1308) 31
Bela IV., König von Ungarn (1250–1270) 29
Bergel Johann, Freskenmaler (1718–1789) 67
Bibliothek des Stiftes Klosterbruck 49, 67, 73, 75, Abb.: 76
Břetislaw I., Herzog von Böhmen (1034–1055) 6, 8
Ceregetti Josef, Maler (1722–1799) 75, Abb.: 74
Cursus sanctae mariae, romanische Handschrift 18, 21, 23, 25, Abb.: 19, 20, 22, 24, 25, 26
Diwisch Prokop: Chorherr des Stiftes (1698–1765) 71, 72, Abb.: 70, 71
Druckerei des Stiftes Klosterbruck 10, 49, 50, 52, 56, 57, Abb.: 51
Ferdinand I., Deutscher Kaiser (1556–1564) 55
Florian, Abt des Stiftes (1215–1238) 27, 28
Franz I., Deutscher Kaiser (1745–1765) 73
Friedrich II., Deutscher Kaiser (1212–1250) 29
Friedrich II., König von Preußen (1740–1786) 63, 64, Abb.: 63
Friedrich II. der Streitbare, Herzog von Österreich (1230–1246) 23, 29
Friedrich III. der Schöne, Gegenkönig (1314–1330) 31
Fröhlich Wolfgang von Olmütz, Künstler (um 1523) 47, Abb.: 47
Georg, Abt des Stiftes (1568–1572) 46, 48
Geras, Prämonstratenser Chorherrenstift 65, 70, 72, 73, Abb.: 70
Gerhard, Abt des Stiftes (1190–1215) 11
Graduale, Handschrift 41, Abb.: 44
Grusbach, Kolonie des Johanniter Ordens um 1204 16
Heilika von Wittelsbach, Herzogin von Böhmen (um 1190) 8, 23
Heinrich II., Deutscher Kaiser (1002–1024) 21, Abb.: 22
Heinrich IV., Deutscher Kaiser (1056–1106) 6
Heinrich auf dem Nordgau, Markgraf (gestorben 1017) 6
Heinrich von Kärnten, Böhmischer König (1306–1307) 31
Hildebrandt Johann Lukas von, Barockbaumeister (1668–1745) 65, 79, Abb.: 66

Hus Johannes, tschechischer Reformator (1370–1415) 34, Abb.: 35
Hussiten, 34, 36, Abb.: 35, 37
Jodok, Markgraf von Mähren (1380–1411) 33
Joseph II., Deutscher Kaiser (1765–1790) 73
Juan D'Austria, Sieger von Lepanto (1547–1578) 48
Judith von Schweinfurt, Herzogin von Böhmen (gest. 1058) 6–8, 11, 13, 38, 49, 67, 75, 79
Karl, IV., Deutscher Kaiser (1346–1378) 33
Klein Gregor, Abt des Stiftes (1679–1697) 61
Konrad I., Fürst von Znaim, Herzog von Böhmen (1035–1092) 6–8
Konrad (III.) Otto, Herzog von Böhmen (1188–1191) 8–12, 23
Krypta der Stiftskirche Klosterbruck 11, 14, Abb.: 13
Kumanen, Turkvolk in Ungarn 29, 30
Kunigunde, Deutsche Kaiserin (gestorben 1033) 21, 23 Abb.: 22
Kunigunde, Markgräfin von Mähren (um 1220) 18
Lahofer Johann, Kunsttischler (um 1750–1800) 77, Abb.: 76
Lambek, Abt des Stiftes (1764–1784) 65
Lechwitz, Schloß und Wallfahrtskirche 75
Leopold II., Markgraf von Österreich (1075–1095) 6
Lepanto, Seeschlacht (1571) 48, 49, Abb.: 51
Maria Theresia, Deutsche Kaiserin (1740–1780) 63, 64, 73, Abb.: 63
Marie von Wittelsbach, Herzogin von Böhmen (um 1190) 8, 9, Abb.: 9
Mathielle Lorenzo, Bildhauer (1688–1748) 67
Maulpertsch Franz Anton, Barockmaler (1724–1796) 77, Abb.: 76
Maximilian II., Deutscher Kaiser (1564–1576) 55
Mayr Hermengild, Abt des Stiftes (1745–1764) 65, 67, 71, 72, 79, Abb.: 66
Missale, Handschrift 41, Abb.: 42, 43
Methodius, Abt des Stiftes (1546–1568) 46
Mühldorfer Josef, Maler (um 1750) 67
Mühlfraun, Schloß 75
Niklas von Edelspitz, Baumeister (15. Jahrhundert) 38, Abb.: 39, 40
Nolbek, Abt des Stiftes (1729–1745) 64
Obitorium canoniae gerusenae, Totenbuch des Stiftes Geras 70, 71, 72, Abb.: 70
Otto II., Abt des Stiftes (1353–1374) 32
Paul, Abt des Stiftes (1474–1512) 41

Pribislaus II., Abt des Stiftes (1440–1466) 38
Przemysl Ottokar I., König von Böhmen (1205–1230) 18, 27
Przemysl Ottokar II., König von Böhmen (1253–1278) 30
Rippl M., Kupferstecherin 49, Abb.: 48
Robert, Bischof von Olmütz (1202–1240) 16
Rudger, Ritter (Anfang 13. Jahrhundert) 16
Rudolf von Habsburg, Deutscher König (1273–1291) 30
Rudolf II., Deutscher Kaiser (1576–1612) 48
Ruegung von Urbau, Rechtsfindung (1604) 53, 55, 56, 57
Schall von Schallersheim, Abt des Stiftes (1619–1625) 58
Schufinsky Viktor, Maler und Zeichner (1876–1947) 79, Abb.: 78
Scherer Georg, Priester (um 1600) 52, 53, Abb.: 51
Sebastian I., Abt des Stiftes (1572–1585) 48, 49, 50
Sebastian II., Abt des Stiftes (1585–1599) 52, 54
Spitignew, Herzog von Böhmen (1055–1061) 6–8
Strahov, Kloster bei Prag 11, 41, 73, 77, Abb.: 76
Torstenson Lennart, schwedischer Feldherr (1603–1651) 60
Udalrich, Herzog von Böhmen (1012–1033) 6
Urbau, Landgericht 55, 56, 57
Wallenstein Albrecht von, Feldherr (1583–1634) 58, 60, Abb.: 59
Wenzel, I., Herzog von Böhmen (921–929) 21, Abb.: 22
Wenzel III., König von Böhmen (1305–1306) 30
Wenzel IV., König von Böhmen, Deutscher König (1378–1419) 33
Werner Friedrich Bernhard, Kupferstecher (1690–1778) 61, Abb.: 62
Wilchker (Landgericht Urbau) 55
Willenberger Johannes, Grafiker (1571–1613) 49, Abb.: 50
Wladislaw I., Herzog von Böhmen (1109–1125) 8
Wladislaw Heinrich, Markgraf von Mähren (gestorben 1222) 8, 16, 18
Wratislaw II., Herzog von Böhmen, König von Böhmen (1061–1092) 6, 8
Zeckl Johann, Goldschmied (um 1690–1726) 49, Abb.: 51
Zehentweinmaß des Stiftes Klosterbruck (um 1600) 41, Abb.: 45

Literatur

Bretholz Bertold: Geschichte Böhmens und Mährens, Reichenberg 1924
Chlumetzky P. Ritter von: Einige Dorf-Weisthümer in Mähren, Archiv für Kunde österreichischer Geschichtsquellen, Wien 1857
Diwald Hellmut: Die Geschichte der Deutschen, Frankfurt, Berlin, Wien 1978
Dudik B.: Mährens allgemeine Geschichte, Brünn 1860
Gutkas Karl: Geschichte des Landes Niederösterreich, St. Pölten 1973
Harrsen Meta: Cursus sanctae mariae, a thierteenth-century manuscript, now M. 739 in the Pierpont Morgan Library, New York 1937
Harrsen Meta: Central european manuscripts in the Pierpont-Morgan Library, New York 1958
Hübner (anonym): Znaims geschichtliche Denkwürdigkeiten, Znaim 1843
Kreuzer Anton: Geschichte Südmährens, Geislingen 1975
Krob Miroslaw: Znojmo mesto Pamatek, Brünn 1974
Lexers Matthias: Mittelhochdeutsches Taschenwörterbuch, Stuttgart 1961
Libal Dobroslaw: Znojmo umelecke a historicke Pamatkova Reservace a Pamatky v Okoli, Brünn 1961
Macek Josef: Die hussitische revolutionäre Bewegung, Berlin 1958
Macek Josef: Die hussitische Bewegung in Böhmen, Prag 1953
Paul Prokop – Horejsi Jirina: Morava umelecke Pamatky, Prag 1986
Pfiffig A. Josef: Obitorium canoniae gerusenae, ein bisher nicht beachtetes Totenbuch des Stiftes Geras, Wien 1980
Pfiffig A Josef: „Pater Abbas" – „Vaterabt", Geraser Hefte 16/1987
Prokob August: Die Markgrafschaft Mähren in kunstgeschichtlicher Beziehung, Brünn 1904
Propyläen-Geschichte Europas, 1975
Richter Vaclav – Samek Bohumil – Stehlik Milos: Znojmo, Prag 1966
Schulte W.: Cursus sanctae mariae, Zeitschrift des Vereins für die Geschichte Schlesiens, 1908

Seibt Ferdinand: Glanz und Elend des Mittelalters, Berlin 1987
Straub Eberhard: Von Beruf Kaiser und Menschenfreund, Frankfurter Allgemeine Zeitung Nr. 41, 17. 2. 1990
Vrbka Anton: Klosterbruck und seine Schicksale im Laufe der Jahrhunderte, Znaim 1898
Vrbka Anton: Zur Baugeschichte der Kirche von Klosterbruck, 1918
Vrbka Anton: Gedenkbuch der Stadt Znaim, Znaim 1927
Wattenbach: Zeitschrift des Vereins für die Geschichte Schlesiens, 1863
Wegener Wilhelm: Böhmen/Mähren und das Reich im Mittelalter, 1959
Wegener Wilhelm: Die Przemysliden, Stammtafel des nationalen Herzoghauses 850–1306, Göttingen 1957
Wegener Wilhelm: Genealogie des altbayerischen Adels im Mittelalter, Göttingen 1962
Weltgeschichte, Berlin 1963
Wisnar Julius: Heimatkunde des politischen Bezirks Znaim, Znaim 1899
Wolny Gregor: Kirchliche und weltliche Topographie Mährens, Brünn 1861
Znaimer Tagblatt, Jubiläumsausgabe 1922
Znaimer Wochenblatt, Jubiläumsausgabe 1923